BOBBIE UND MYRON YAGEL

Hast Du etwas

Bobbie und Myron Yagel

Hast Du etwas Zeit für mich?

editions TROBISCH

Die Deutsche Bibliothek – CIP-Einheitsaufnahme

Yagel, Bobbie: Hast Du etwas Zeit für mich? / Bobbie und Myron Yagel.
[Übers.: Barbara M. Trebing]. – Kehl : Ed. Trobisch, 1997
ISBN 3-87827-090-9 Pb.

Die Originalausgabe erschien bei TYNDALE PUBLISHING HOUSE
unter dem Titel 15 MINUTES TO BUILD A STRONGER MARRIAGE

ISBN 3-87827-090-9

Übersetzung: Barbara M. Trebing
Umschlaggestaltung: Christine Paxmann
Satz: Fotosatz Krieg
Druck: St.-Johannis-Druckerei, Lahr 31571/1997

Unseren Enkeln

Amber
Devin
Brandon

Wir beten für euch und eure Ehepartner,
daß ihr einander annehmt, ehrt und liebt,
wie Christus euch geliebt hat.

Inhalt

Einleitung 11
So haben Sie das meiste von diesem Buch! 14

Stufe Eins

Woche 1 - Liebe *redet* 19
Woche 2 - Zweisamkeit *sucht den Blickkontakt* 21
Woche 3 - Anerkennung *bewundert* 27
Woche 4 - Treue sagt: *Ich will* 31
Woche 5 - Gesprächsbereitschaft *hört zu* 35
Woche 6 - Konfliktbewältigung
trifft Entscheidungen 39
Woche 7 - Vergebungsbereitschaft
kommt dem anderen entgegen 43
Woche 8 - Emotionale Nähe *öffnet sich* 47
Woche 9 - Körperliche Nähe *streichelt* 53
Woche 10 - Geistliches Leben *segnet* 57

Stufe Zwei

Woche 11 - Liebe *entdeckt* 63
Woche 12 - Zweisamkeit *nimmt sich Zeit* 67
Woche 13 - Anerkennung *sucht das Gute* 71
Woche 14 - Treue *bildet ein Team* 75
Woche 15 - Gesprächsbereitschaft *stellt Fragen* 79
Woche 16 - Konfliktbewältigung
lebt in der Gegenwart 83

WOCHE 17 - Vergebungsbereitschaft *faßt einen Entschluß* 85
WOCHE 18 - Emotionale Nähe *ist aufrichtig* 89
WOCHE 19 - Körperliche Nähe *wirbt um den anderen* 97
WOCHE 20 - Geistliches Leben *sucht Gott* 103

Stufe Drei

WOCHE 21 - Liebe *handelt* 109
WOCHE 22 - Zweisamkeit *pflegt gemeinsame Hobbys* 113
WOCHE 23 - Anerkennung *läßt unrealistische Erwartungen los* 119
WOCHE 24 - Treue *gibt, anstatt zu nehmen* 123
WOCHE 25 - Gesprächsbereitschaft *wählt Worte, die helfen* 127
WOCHE 26 - Konfliktbewältigung *klagt nicht an* 131
WOCHE 27 - Vergebungsbereitschaft *zeigt Einsicht* . . 137
WOCHE 28 - Emotionale Nähe *nimmt in die Arme* . . 141
WOCHE 29 - Körperliche Nähe *genießt die sexuelle Erregung* 145
WOCHE 30 - Geistliches Leben *braucht ein Zuhause* . . 151

Stufe Vier

WOCHE 31 - Liebe *macht Mut* 159
WOCHE 32 - Zweisamkeit *bleibt im Gespräch* 163
WOCHE 33 - Anerkennung *hört auf zu kritisieren* 169
WOCHE 34 - Treue *übt gedankliche Disziplin* 175

WOCHE 35 - Gesprächsbereitschaft
ist für den anderen da 181
WOCHE 36 - Konfliktbewältigung
zieht sich nicht zurück 185
WOCHE 37 - Vergebungsbereitschaft
spricht den anderen frei 189
WOCHE 38 - Emotionale Nähe
fühlt sich ein 195
WOCHE 39 - Körperliche Nähe
teilt sich mit 201
WOCHE 40 - Geistliches Leben *wächst* 205

Stufe Fünf

WOCHE 41 - Liebe *dient* 213
WOCHE 42 - Zweisamkeit *schweißt zusammen* 217
WOCHE 43 - Anerkennung
erweist dem anderen Ehre 221
WOCHE 44 - Treue *hält am anderen fest* 227
WOCHE 45 - Gesprächsbereitschaft *versteht* 233
WOCHE 46 - Konfliktbewältigung
läßt Schutzmechanismen fallen 239
WOCHE 47 - Vergebungsbereitschaft *begnadigt* 245
WOCHE 48 - Emotionale Nähe *vertraut* 249
WOCHE 49 - Körperliche Nähe
sucht die Befriedigung des anderen 253
WOCHE 50 - Geistliches Leben *währt ewig* 257

Einleitung

Den heutigen Ehepaaren stehen mehr zeitsparende Geräte zur Verfügung als je zuvor, und doch haben sie weniger Zeit füreinander als jede Generation vor ihnen. Wo man aber keine Zeit mehr füreinander hat, da verwandelt sich auch die beste Ehe schnell in ein Schlachtfeld, auf dem die Partner verzweifelt um die Aufmerksamkeit des anderen kämpfen. Gute Ehen werden zu eintönigen, flachen Angelegenheiten, obwohl man sich nach Höhepunkten sehnt, und in Ehen, die ohnehin nicht allzu gut waren, macht sich zwischen den Partnern, die nur noch „der Kinder wegen" zusammenbleiben, die Verzweiflung breit.

Die Zeit füreinander ist es, von der eine Ehe lebt. Wie aber kann man Zeit füreinander finden, wenn die Terminkalender bereits überquellen, wenn zum Beispiel beide Partner berufstätig sind, aber verschiedene Arbeitszeiten haben, die Kinder von der Oma oder aus der Tagesstätte abgeholt werden müssen, man Abendkurse besucht, um im Job weiterzukommen, oder mehr Zeit auf der Autobahn verbringt als zu Hause mit dem Partner?

Es gelingt, wenn wir sie in kleine Häppchen aufteilen, in Scheibchen aus jeweils fünfzehn Minuten, die wir aus dem festgefügten Block unserer Verpflichtungen herausmeißeln, der sich im allgemeinen unseren Bemühungen, endlich einmal Zeit für den Partner zu haben, so hartnäckig widersetzt. Fünfzehn Minuten pro Woche - oder insgesamt dreizehn Stunden im Jahr.

„Klingt realistisch, aber ob das unserer Ehe wirklich hilft?" fragen Sie vielleicht.

Ja, es hilft, weil jedes Kapitel in diesem Buch jeweils nur einen bestimmten Aspekt aufgreift und Anregungen dazu gibt, wie Sie diese Erkenntnis in der Woche mit Ihrem Partner anwenden können.

Sind Sie bereit, fünfzehn Minuten pro Woche zu investieren, um zu der Zärtlichkeit und intimen Vertrautheit aus den Anfängen Ihrer Beziehung zurückzufinden?

Haben Sie fünfzehn Minuten Zeit pro Woche, damit es in Ihrer harmonischen, aber irgendwie auch langweiligen Ehe wieder etwas aufregender zugeht?

Können Sie sich fünfzehn Minuten pro Woche freimachen, um Ihre Ehe vor der drohenden Scheidung zu bewahren?

So wird's gemacht

Was also müssen Sie tun, um sich ganz neu auf das Abenteuer Ehe einzulassen? Die folgenden zehn Vorschläge wollen Ihnen helfen:

1. Überlegen Sie gemeinsam, ob Sie die Lektion leise und jeder für sich durchlesen wollen, oder laut. Wir empfehlen, daß die Frau die ungeraden Lektionen liest und der Mann die geraden. Sie können es auch so halten, daß die Frau zuerst die Fragen der ungeraden Lektionen beantwortet und der Mann die Fragen in den geraden.
2. Suchen Sie während den fünfzehn Minuten den körperlichen Kontakt. Halten Sie sich an den Händen oder setzen Sie sich nebeneinander aufs Sofa...
3. Kommen Sie zur Ruhe. Holen Sie tief Luft und atmen Sie alle Lasten und Probleme des Tages aus.
4. Schalten Sie alles ab, was Sie ablenken könnte, wie Radio, Fernsehen oder Telefon. Wenn Sie Kinder haben, bringen Sie sie zuerst ins Bett.
5. Richten Sie Ihre ganze Aufmerksamkeit auf Ihren Partner.
6. Freuen Sie sich auf die Zeit, die Sie miteinander verbringen.

7. Für das mehrmalige Durchlesen der Lektionen sollten Sie fünf Minuten einrechnen. Bemühen Sie sich, den Inhalt des Gesagten zu verstehen, bevor Sie mit Ihrem Partner darüber reden.
8. Trauen Sie sich, verletzlich zu sein. Das ist kein hoher Preis für eine erneuerte Ehe.
9. Bleiben Sie dran. Reservieren Sie fünfzehn Minuten pro Woche mit Ihrem Partner. Setzen Sie sich, wenn immer möglich, regelmäßig zur selben Zeit zusammen. Wer ein Versprechen nicht hält, zeigt, daß ihm eine Sache nicht wichtig ist. Wenn es bei Ihnen einmal nicht klappt, diese Zeit einzuhalten, dann bitten Sie Ihren Partner um Vergebung und nehmen Sie sich in der nächsten Woche zwei Lektionen vor.
10. Widerstehen Sie der Versuchung, im Buch herumzublättern und nach Aussagen zu suchen, die Ihr Partner „unbedingt hören" sollte. Wie die Gymnastik mit einer Aufwärmphase beginnt und die einzelnen Übungen darauf aufbaut, so beginnen auch die fünfzig Lektionen dieses Buches mit einer Grundstufe, auf der die folgenden Lektionen aufbauen.

Ob Sie erst einen Monat verheiratet sind oder fünfzig Jahre, halten Sie sich bei jeder unserer Vitaminspritzen für Ihre Ehe an die Vorgaben. Wir sind überzeugt davon, daß Ihre Ehe davon profitieren und wieder eine ganz neue Romantik einkehren wird.

Ihre Ehe kann ein ganzes Leben halten, wenn Sie bereit sind, ein wenig zu investieren. Eines aber dürfen Sie dabei nicht vergessen: Der Erfolg einer Ehe hängt nicht nur davon ab, daß man den richtigen Partner hat, sondern mehr noch davon, daß man selbst der richtige Partner ist.

Wir beten für Sie.

Bobbie und Myron Yagel

So haben Sie das meiste von diesem Buch

Ob Sie erst ein Jahr miteinander verheiratet sind oder schon fünfzig, das vorliegende Buch will Ihnen helfen. Nachdem wir aktuelle Ehebücher zu Rate gezogen haben, haben wir unsere Gedanken in zehn Kernbereiche untergliedert, die für Mann und Frau besonders wichtig sind:

Liebe

Zweisamkeit

Anerkennung

Treue

Gesprächsbereitschaft

Konfliktbewältigung

Vergebungsbereitschaft

Emotionale Nähe

Körperliche Nähe

Geistliches Leben

Das Buch ist in fünf „Stufen“ gegliedert. Auf Stufe 1 (Grundstufe) werden alle zehn genannten Bereiche angesprochen. Stufe 2 baut auf dem in Stufe 1 Erarbeiteten auf und so weiter bis zu Stufe 5. Weil jede Stufe die bereits behandelten Gedanken weiterentwickelt, ist es wichtig, daß Sie am Anfang des Buches beginnen und sich dann immer weiter vorarbeiten.

Dieses Buch verspricht Ihnen und Ihrem Partner, daß Sie mit nur fünfzehn Minuten pro Woche Ihre Ehe festigen und stärken können.

Jede wöchentliche Lektion enthält:

- praktische und hilfreiche Informationen zum Thema. Dazu kleine Anekdoten von verschiedenen Autoren und bekannten Eheberatern wie Ed Wheat, Larry Crabb und James Dobson.
- einen Abschnitt „So wird Ihre Ehe gefestigt und vertieft". Hier finden Sie Fragen, die zum Nachdenken anregen; Aussagen, die Sie vervollständigen sollen; und Übungen, die Sie gemeinsam mit Ihrem Partner durchführen. Die Fragen sollten, soweit nicht anders angegeben, jeweils von beiden Partnern beantwortet werden.
- eine Rubrik „(das Thema) ganz praktisch". Hier finden Sie einen Bibelvers, über den Sie nachdenken können, und eine Aufgabe für die Woche, die Ihnen hilft, einander besser verstehen zu lernen und in kleinen Schritten zu größerer Freude an Ihrer Ehe und einer harmonischen Beziehung zu finden.

Nach einer wöchentlichen Vitaminspritze schlagen Sie die „Checkliste" (am Ende des Buches) auf, notieren Sie das Datum, an dem Sie die Lektion abgeschlossen haben, und haken Sie beide den Punkt ab. Diese Checkliste hilft Ihnen dabei, Ihre Fortschritte zu kontrollieren, und dient ebenfalls als Stütze, um Sie an besondere Entdeckungen, die Sie aneinander oder an Ihrer Beziehung gemacht haben, zu erinnern.

Die „Zehn Kernbereiche der Ehe auf einen Blick" (ebenfalls am Ende des Buches) geben Ihnen einen Überblick über die gesamte Thematik. Hier finden Sie auch schnell die Stichworte, wenn Sie an einem Bereich noch etwas weiterarbeiten wollen.

Sie stehen am Beginn eines aufregenden Eheabenteuers! Bevor Sie sich aber voller Schwung darauf einlassen, sollten Sie noch folgendes bedenken:

Erstens, beide Partner müssen bereit sein, die Zeit dafür aufzubringen. Jeder hat heute genug zu tun. Ehepaare sollten aber daran denken, daß andere die Echtheit unserer Liebe insgeheim daran messen, wieviel Zeit wir trotz unseres vollen Terminkalenders füreinander übrig haben. Fünfzehn Minuten pro Woche - nur dreizehn Stunden im Jahr - können eine gewaltige Wirkung haben, wenn es beiden wichtig ist. Das kann bedeuten, daß sie am Samstag abend sagen: „Wir haben diese Woche noch keine fünfzehn Minuten miteinander verbracht. Laß es uns jetzt tun." Die Zeit wird es wert sein.

Zweitens muß beiden Partnern daran liegen, das Eheleben zu verbessern. Es ist wichtig, daß nicht der eine immer drängen muß, während der andere kaum Interesse zeigt und sich ständig bitten läßt. Wo dies der Fall ist, da empfehlen wir, daß der unzuverlässigere Partner die Aufgabe übernimmt, den Termin festzusetzen und darauf zu achten, daß er jede Woche eingehalten wird.

STUFE

1

EINS

Liebe...
redet

„Ich liebe dich!“

Myrons Stimme erwärmte mein Herz, und ich erwiderte seine Umarmung und seinen Kuß, nicht aber seine Worte.

Wir waren erst wenige Wochen verheiratet, und mein junger Ehemann strahlte mich an, wie ich da im Nachthemd und mit zerzaustem, ungekämmtem Haar vor ihm stand. „Bobbie, ich liebe dich, und ich weiß, daß du mich auch liebst.“

Ich begriff sehr gut, warum er den Satz für mich aussprach, aber mir war nicht ganz klar, ob er damit mich oder eher sich selbst überzeugen wollte.

Die Worte „Ich liebe dich“ schienen mir in der Kehle festzustecken. So sehr ich es auch versuchte, es gelang mir nur selten, diesen Satz auszusprechen, den ich doch jeden Tag so gern aus Myrons Mund hörte.

Jedesmal, wenn Myron diese Worte sagte, unterzog ich meine Gefühle einer eingehenden Prüfung. Waren sie intensiv und prickelnd genug, um den Satz zu erwidern? Da ich, wie ich meinte, die notwendigen Gefühle nicht in mir spürte, blieb ich still.

Erst nachdem wir unser erstes Eheseminar besucht hatten, begriff ich, daß eine Ehe vor allem von der Bereitschaft zur Hingabe und Bindung lebt. Die Gefühle folgen. Liebe bedeutet, daß ich mich bewußt dafür entscheide, das Beste des anderen zu suchen. Liebe fragt nicht: „Was muß ich alles tun?“, sondern: „Was kann ich heute alles tun, damit es dir gutgeht?“

Als ich entdeckte, was Liebe wirklich ist, beschloß ich, Myron ohne Rücksicht auf meine Gefühle zu sagen, daß ich ihn liebte.

Obwohl ich mir dabei zunächst albern und wie eine Heuchlerin vorkam, zwang ich mich dazu, die Worte endlich über die Lippen zu bringen. Die Folge war, daß Myron mir mit noch größerer Liebe begegnete. Und voller Überraschung stellte ich fest, daß mein Entschluß, meinem Mann täglich mit Worten meine Liebe zu zeigen, in meinem Herzen tatsächlich liebevolle Gefühle hervorbrachte. Ich hatte mit meinem Handeln neue Gefühle geschaffen!

Wann haben Sie Ihrem Partner das letzte Mal gesagt, daß Sie ihn lieben? Untersuchungen haben gezeigt, daß „bei Paaren, die auseinandergehen, ein gemeinsames Symptom zu beobachten ist. Sie haben einander nie gesagt: ‘Ich liebe dich.’“[1]

Doch versuchen Sie einmal, einander diese drei einfachen Worte dreimal am Tag zu sagen, und Sie werden merken, wie Ihre Ehe dadurch gestärkt wird. Diese drei Worte haben eine ungeheure Kraft, sie wirken befreiend und sind darüber hinaus leicht anwendbar. Sie können erotische Wünsche wachrufen, eine romantische Stimmung schaffen oder bewirken, daß das Herz vor Freude jubelt: Hurra, ich werde geliebt!

Wenn Sie sich nicht mehr erinnern können, wann Sie das letzte Mal „Ich liebe dich“ zu Ihrem Partner gesagt haben, dann fangen Sie heute ganz neu damit an. Vielleicht wollen Sie wie Myron hinzufügen: „Ich liebe dich, und ich weiß, daß du mich auch liebst!“

Freundliche Gesten können nie ein Ersatz sein für die Gewißheit, die uns in Worten geäußerte Liebe schenkt. Unsere Eltern haben Zeit, Kraft und Geld geopfert, um uns auf die Welt zu bringen, uns aufzuziehen und auf das Leben vorzubereiten. Aber wie vielen Kindern wurde nie ausdrücklich gesagt, daß sie geliebt werden; sie würden noch heute, als Erwachsene, alles darum geben, aus dem Mund ihrer Eltern nur einmal die Worte zu hören: „Ich habe dich lieb.“

Genauso ist es in der Ehe. Unser Partner braucht die Gewißheit, daß wir ihn lieben, und er sehnt sich danach, es aus unserem Mund zu hören: „Ich liebe dich.“

So wird Ihre Ehe gefestigt und vertieft

1. Stellen Sie einander die folgenden Fragen:
   – Was empfindest du, wenn ich sage: „Ich liebe dich“?
   – Hättest du es gern, wenn ich es öfter sagen würde?

2. Wie würden Sie den folgenden Satz zu Ende führen? „Ich mag es besonders, daß du zu mir sagst ‚Ich liebe dich‘, wenn...“ (zum Beispiel: wenn du aus dem Haus gehst, wenn du mich anrufst, wenn du heimkommst, wenn wir im Bett liegen und kuscheln, wenn du es mir auf einer Party ins Ohr flüsterst, usw.) Unterhalten Sie sich über die Antworten, die Sie gegeben haben.

Liebe - ganz praktisch

„Freundliche Reden sind Honigseim,
trösten die Seele
und erfrischen die Gebeine."
(Sprüche 16,24)

Aufgabe der Woche:
Sagen Sie einander dreimal am Tag „Ich liebe dich". Wenn möglich sagen Sie diese Worte vor allem in den Momenten, die Ihr Partner als besonders wichtig bezeichnet hat.

Hinweis:
Wenn Ihr Partner nach dieser Lektion „Ich liebe dich" sagt, hüten Sie sich davor zu erwidern: „Das sagst du jetzt nur, weil wir es in dieser Woche üben sollen" oder: „Du meinst es ja gar nicht so." Wenn wir seine Worte der Liebe zurückweisen, müssen wir uns nicht wundern, daß der andere es nicht noch einmal versucht.

Zweisamkeit...
sucht den Blickkontakt

An einem Sonntagnachmittag, als wir uns im Swimmingpool, der zu unserem Appartmentblock gehört, etwas abkühlten, fiel uns ein Pärchen auf, das miteinander schmuste.

„Die sind aber wirklich verliebt", flüsterte ich.

„Woran erkennst du das?" wollte Myron wissen.

„Schau doch nur, wie sie sich ansehen. Ihre Blicke verraten alles."

Wir sahen ihnen weiter zu. Der Mann nahm gerade seine weiße Baseballmütze ab und drückte sie seiner Partnerin aufs Haar. Er warf ihr einen langen bewundernden Blick zu, dann sprang er ins Wasser und schwamm auf dem Rücken durch den Pool, ohne die Augen von ihr abzuwenden. Mit jedem Schlag schickte er ein paar Wellen zu seiner Gefährtin.

Diese Frau mußte ihren Partner nicht fragen, ob er sie anbetete. Die Aufmerksamkeit, mit der er sie bedachte, die Zärtlichkeit und Bewunderung hätten das Herz jeder Frau erwärmt.

Haben Sie schon jemals einem Paar gegenübergesessen, das sich, während Sie sprachen, nicht richtig auf Sie konzentrieren konnte? Wie von einem Magneten angezogen, wurden ihre Blicke immer wieder aufeinander gelenkt. Sie konnten nicht genug davon bekommen, sich anzusehen.

Unsere Augen sprechen eine eigene Sprache der Liebe. Ed Wheat drückt es so aus: „Psychologen haben durch Untersuchungen herausgefunden, daß Menschen, die sehr ineinander verliebt sind, öfter den Blickkontakt suchen als andere Paare. Der Blickkontakt ist schon in den ersten zwei bis vier Lebenswochen wichtig, wenn der Säugling beginnt, sich umzusehen. Von diesem Zeitpunkt an sucht das Kleinkind immer nach einem anderen Augenpaar, an dem es seinen Blick festmachen kann... Die Gefühle des Kindes werden durch den Blickkontakt genährt. Dieses Bedürfnis bleibt uns bis ans Lebensende erhalten.“[2]

Kurz nachdem ich den letzten Satz getippt hatte, kam Myron von seinen Besorgungen zurück. Er trat in mein Büro und fand mich in meine Schreiberei vertieft. Ich blickte von meinem Computer hoch (obwohl ich lieber weitergeschrieben hätte) und küßte ihn (obwohl ich ihn lieber ignoriert hätte).

Er setzte sich und begann mir lachend von einem lustigen Interview zu erzählen, das er im Radio gehört hatte. Der Studiogast hatte von „Workaholics“ gesprochen (wie ich einer bin). Ich drehte mich im Stuhl um und zwang mich, Myron anzusehen, und obwohl meine Hände immer noch sehnsüchtig auf den Computertasten ruhten, mußte ich nun auch lachen. Aber ich mußte wiederholt gegen den Drang kämpfen, den Blick von Myron fort zum unbeendeten Kapitel auf meinem Bildschirm zu wenden. Den Blickkontakt zu halten war weit schwieriger, als ich gedacht hatte.

Ein paar Stunden später fragte ich Myron, ob ihm während des Gesprächs irgend etwas an mir aufgefallen sei. „Ich habe mich gefreut, daß du mir deine ungeteilte Aufmerksamkeit geschenkt hast, obwohl ich dich beim Schreiben gestört hatte", erwiderte er. „Das hat mir gutgetan. Ich habe daran gespürt, daß du mich wirklich liebst."

Ich war verblüfft. Obwohl ich mich mit aller Gewalt daran hatte hindern müssen, auf den Bildschirm zu starren, hatte ich mit meinem Blick Myron das Gefühl vermittelt, daß er für mich wichtig ist.

Der Blickkontakt, selbst wenn er vorsätzlich geschieht, hat also die Kraft, zwei der wichtigsten Bedürfnisse des Menschen zu stillen: das Bedürfnis nach Liebe und den Wunsch, angenommen zu werden.

So wird Ihre Ehe gefestigt und vertieft

„Gott, der eine, wahre 'Liebhaber', sieht uns ständig an. So geht es auch mit den Blicken Liebender – ständig wandern sie zum Gegenstand ihrer Liebe. Alles andere wird ausgeblendet."[3]

1. Versuchen Sie, sich an eine Begebenheit zu erinnern, bei der die zärtlichen Blicke und die ungeteilte Aufmerksamkeit Ihres Partners in Ihnen das gute Gefühl wachriefen, geliebt und angenommen zu sein. Erzählen Sie dem anderen in möglichst vielen Einzelheiten davon. (Beispiel: als Sie das Eheversprechen ablegten; wenn sich Ihre Blicke über eine Menschenmenge hinweg treffen; wenn Sie in Momenten körperlicher Nähe Ihre Körper bewundern; wenn Sie den Sorgen des anderen zuhören usw.)

2. Nun vervollständigen Sie diesen Satz:
„Deine ungeteilte Aufmerksamkeit ist für mich besonders dann wichtig, wenn..."

Zusammensein ganz praktisch

„Die Augen des Herrn
merken auf die Gerechten und seine
Ohren auf ihr Schreien."

(Psalm 34,16)

Aufgabe der Woche:
Wenn Sie mit Ihrem Partner reden, suchen Sie soweit möglich seinen Blick.
Konzentrieren Sie sich darauf, was er sagt. Üben Sie es, Ihre Blicke auf ihm ruhen zu lassen, bis er oder sie ausgeredet hat.

Anerkennung...

bewundert

H. Norman Wright verschreibt Liebenden „pro Tag eine Tablette Bewunderung... die wirksamste Medizin für eine gesunde Ehe. Sagen Sie Ihrem Partner jeden Tag mindestens einmal, was Sie an ihm besonders mögen. Hinweis des Arztes: Hilft am besten bei guter Stimmung und wenn der andere nicht in Eile ist."[4]

Die größte Herausforderung für jede Ehe sind die ersten fünf Minuten des Tages. Dieser Augenblick ist vor allem darum entscheidend, weil er die Stimmung für den ganzen Tag prägt. Wie viel angenehmer ist es doch, sich mit einem Kuß, ein paar Minuten Kuscheln oder einem zärtlichen Gruß wie: „Hallo, guten Morgen, Liebling" aufeinander einzustimmen, als auf dem Weg zum Bad wortlos aneinander vorbeizutorkeln oder im Vorbeigehen kurz zu fragen: „Hast du auch daran gedacht, Brittas Zahnarzttermin abzusagen?" Obwohl eine gute Arbeitsteilung wichtig ist für das Zusammenleben, sollte uns die Anerkennung und Wertschätzung unseres Partners doch weit wichtiger sein. Dabei ist es gar nicht so schwer, Anerkennung zu zeigen. Wir müssen nur Dinge sagen und tun, die unserem Partner spüren lassen, daß er die Nummer Eins in unserem Leben ist, daß wir ihn mehr als alle anderen schätzen und mögen. Das kann durch ein aufmunterndes Lächeln geschehen oder einen freundlichen Blick; eine zärtliche Berührung oder einen leichten Kuß; einen Klaps auf die Schulter, wir drücken ihn kurz an uns oder flüstern ihm etwas Nettes ins Ohr.

„Bewunderung ist ein ganz wesentlicher Baustein des Lebens", schreiben John und Linda Friel. „Wer seinem Partner ehrlich sagen kann, es sei für ihn ein Segen, daß der andere zu seinem Leben gehört, der verfügt über einen kostbaren Schatz... Er besitzt eine Macht, die allen Schicksalsschlägen standhalten kann."[5]

Und hier noch ein Tip: Es gibt nur einen richtigen Zeitpunkt, um Ihren Partner zu bewundern – vom Morgen bis zum Abend!

So wird Ihre Ehe gefestigt und vertieft

1. Notieren Sie zehn Dinge, die Sie an Ihrem Partner besonders mögen. (Beispiel: seine Grübchen, sein Lächeln, die Arbeit, sein Verantwortungsbewußtsein, ihre häuslichen Fähigkeiten, ihr Sinn für Humor, die Treue, Erziehungsmethoden, Mitarbeit in Kirche und Gemeinde usw.)

2. Lesen Sie einander Ihre Listen vor.

3. Suchen Sie beim Vorlesen vor und nach jedem Punkt den Blickkontakt zu Ihrem Partner. Vergessen Sie beim Zuhören nicht, Ihrem Partner nach jedem Punkt zu danken.

Anerkennung ganz praktisch

„Ermutigt euch immer wieder."

(Hebräer 3,13 Hoffnung für alle)

Aufgabe der Woche:
Lesen Sie die Liste über Ihren Partner immer wieder durch. Wenn Sie es lernen, alles, was Ihr Partner ist und tut, immer mehr zu schätzen, fällt es Ihnen auch leichter, Ihre Bewunderung in Worte zu fassen. Nehmen Sie sich vor, Ihrem Partner jeden Tag etwas Nettes zu sagen!

Treue...

sagt: „Ich will“

Mit der Treue ist es wie mit der Fahrt auf einer Achterbahn. Hat die Fahrt einmal begonnen, muß man bis zum Ende durchhalten. Der Entschluß ist unwiderruflich. Wir jubeln, wenn die Bahn uns in schwindelnde Höhen trägt. Wir ertragen die langweiligen Abschnitte. Aber niemand könnte uns dazu bewegen, während der Fahrt auszusteigen!

Fast jedes jungvermählte Paar wird von mindestens einem grauhaarigen Eheveteran daran erinnert, daß der Höhenflug nicht ewig dauert. Meistens lächelt sich das Pärchen dann wissend zu in der festen Überzeugung, daß ihre Gefühle tiefer, echter und dauerhafter sind als die anderer Neuvermählter.

Wenn der Rausch der ersten Verliebtheit aber abflaut (nach zwei Tagen oder zwei Jahren, sagen die Experten), ist das Paar verunsichert und fürchtet, es sei nicht länger verliebt. Doch das stimmt nicht.

Jede Veränderung wird von bestimmten Gefühlen begleitet, und der Übergang vom ersten Verliebtsein zu einer stetigen, gefestigten Liebe kann Enttäuschung, Ärger und Angst hervorrufen, oder man kommt sich irgendwie verraten vor. Falls es passiert, ist es wichtig, daß wir wissen, was in uns vorgeht.

Wenn zwei Menschen sich „verlieben", dann, so haben Forscher herausgefunden, produzieren ihre Körper einen chemischen Stoff (das Phenyläthylamin), der „unser Gehirn in eine hektische Erregung versetzt. Deshalb sind Verliebte so euphorisch, fühlen sich so jung, optimistisch und voller Energie." Nimmt die Wirkung ab, „kommen andere chemische Substanzen ins Spiel... die uns ruhiger und sicherer machen... Nähe, das Gefühl, sich auf den anderen verlassen zu können, Wärme, Mitgefühl und gemeinsame Erlebnisse regen die Produktion jener Substanzen an, die uns inneres Behagen schenken, der Endorphine."[6]

Wenn wir in der Achterbahn bleiben, werden wir weiterhin Höhepunkte erleben. Aber wir müssen auch mit Tiefpunkten rechnen und erkennen, daß unsere Liebe sich nicht durch solche Erfahrungen definiert. Wie James Dobson sagt: „Zwei Menschen, die einander wirklich von Herzen lieben, werden ganz automatisch feststellen, daß sie einmal vor Glück fast zerspringen könnten und die Gefühle ein anderes Mal wieder zur Ruhe kommen, aber ihre Liebe hängt nicht von diesen Höhen und Tiefen ab, sondern sie beruht auf einem Entschluß des Willens."[7]

Wem das Wort „Wille" nicht romantisch genug klingt, der sollte bedenken: „Je länger zwei Menschen verheiratet sind, desto größer ist die Wahrscheinlichkeit, daß sie es auch bleiben. Stabilität, Freundschaft, Vertrautheit und Zärtlichkeit sind Dinge, an denen sich der Mensch festhält. So sehr es uns gefällt, wenn uns vor Verliebtheit fast schwindelig wird, ein solcher Zustand ist auf Dauer doch anstrengend. Es ist auch schön, zur

Ruhe zu kommen, keine Angst haben zu müssen, nicht kritisiert zu werden und das Leben mit einem Partner zu genießen, auf den man sich verlassen kann.“[8]

So wird Ihre Ehe gefestigt und vertieft

Der amerikanische Pastor und Autor Charles Swindoll und seine Frau Cynthia berichten folgendes: „Wir stärken unsere Beziehung, indem wir uns immer wieder unsere Treue versichern. Das ganze Jahr hindurch, besonders aber an Neujahr, am Hochzeitstag, am Geburtstag, geloben wir einander, daß wir einander treu bleiben und uns lieben und achten wollen.“[9]

1. Wäre das auch für Sie angebracht? Warum? Warum nicht? Diskutieren Sie miteinander über Ihre Antworten.

2. Können Sie sich noch an Ihr Eheversprechen erinnern? Wenn ja, schreiben Sie es auf und sagen Sie es einander vor.

Treue ganz praktisch

„Was nun Gott zusammengefügt hat,
soll der Mensch nicht scheiden.“

(Markus 10,9)

Aufgabe der Woche:
Nehmen Sie sich an einem Abend Zeit, sich gemeinsam Ihr Hochzeitsalbum, die Dias oder den Videofilm Ihrer Hochzeit anzusehen.

Gesprächsbereitschaft...
hört zu

Norman Vincent Peale war schon fast fünfundneunzig, als ein Freund von ihm sagte, er sei „der beste Zuhörer“: „Jedesmal, wenn ich mit Dr. Peale sprach, vermittelte er mir das Gefühl, ich sei allein mit ihm im Raum. Wie macht er das? Sein Blick ist durchdringend. Seine Körpersprache ist ruhig. Seine Aufmerksamkeit ist ungeteilt. Man spürt, daß er über das, was der andere sagt, nachdenkt, anstatt bereits zu überlegen, was er selbst als nächstes sagen soll... Gutes Zuhören erfordert echte Aufmerksamkeit.“[10]

Eines der kostbarsten Geschenke, die wir unserem Partner machen können – und das nicht nur einmal, sondern immer wieder –, ist, daß wir es lernen, zuzuhören. Beim Zuhören:

- *entsteht eine Wechselbeziehung.* Wir erleben selbst mit, was der andere empfindet.
- *zeigen wir Interesse und Anteilnahme am Ergehen des anderen.*
- *lassen wir uns ganz auf den anderen ein.* Es ist wie in der Zeit des ersten Verliebtseins. Wir hängen an jedem Wort, das der

Geliebte sagt. Unsere Augen sind ganz auf ihn gerichtet, und wir vergessen alles, was um uns herum vorgeht.

– *schenken wir dem anderen die Gelegenheit, Gedanken, Gefühle oder Begebenheiten zu schildern,* die er bislang in sich verborgen oder wegen deren er sich geschämt hat. Wenn wir wissen, daß wir nicht kritisiert, verurteilt oder abgeblockt werden, wagen wir es allmählich, uns zu öffnen. Weil der andere uns versteht, brauchen wir keine Angst zu haben.
– *helfen wir einander, zu wachsen und uns zu verändern.* Fay und Andre Bustanoby schreiben dazu: „Wenn wir aufmerksam zuhören, wenn ein anderer uns von seinen Sorgen erzählt, entsteht eine enge Verbindung. Der Zuhörende verurteilt den Sprechenden nicht, sondern hilft ihm vielmehr, seine Last zu tragen... 'Der Zuhörer' ist nicht länger ein Gegner, sondern ein Freund und Gefährte."[11]

Es gibt sieben Voraussetzungen, um ein guter Zuhörer zu sein:

1. *Unser ganzer Körper ist beteiligt.* Eine Untersuchung der Temple-Universität in Philadelphia belegt, daß nur 7% der Botschaften, die andere von uns empfangen, durch das gesprochene Wort übermittelt werden; 38% macht der Ton aus und 55% sind nonverbal.[12]
2. *Wir unterbrechen das, was wir gerade tun,* und geben dem anderen durch eine Geste zu verstehen, daß wir ihm zuhören (vielleicht legen wir einen Arm um unseren Partner oder fassen nach seiner Hand). Wir achten darauf, daß unsere Blicke nicht umherwandern. Fernsehen, Radio und CD-Spieler bleiben abgeschaltet.
3. *Wir bemühen uns um einen munteren Tonfall,* der den anderen auffordert: „Sprich ruhig weiter."
4. *Unser Gesicht bleibt entspannt.* Wir runzeln nicht die Stirn, sondern behalten eine einladende Miene.

5. *Wir achten auf unausgesprochene Botschaften, Körpersprache, Gemütsverfassung und Tonfall unseres Partners.* Wir fragen uns: Wirkt er entspannt? Nervös? Verärgert? Was verraten seine Augen? Irren sie ziellos umher, ist sein Blick starr, niedergeschlagen, offen und freundlich, ist er den Tränen nahe? Klingt seine Stimme ängstlich, bedrückt oder zuversichtlich? Hat er Sorgenfalten auf der Stirn, lächelt er oder sieht er besorgt aus? Zuhören erfordert konzentrierte Aufmerksamkeit.
6. *Wir reagieren auf Gefühlsäußerungen nicht mit Kritik oder vorschnellem Urteil.*
7. *Wir halten uns mit unseren Worten zurück.*

Das Entscheidende ist nicht, ob wir selbst meinen, ein guter Zuhörer zu sein, sondern ob unser Partner uns für einen guten Zuhörer hält. Wir sollten die Antwort auf diese Frage kennen, wenn wir einander besser verstehen und näherkommen wollen.

So wird Ihre Ehe gefestigt und vertieft

Wenn Sie einander die folgenden Fragen stellen, achten Sie besonders auf die Körpersprache Ihres Partners und darauf, was Sie selbst mit Ihrem Körper vermitteln.

1. Höre ich dir zu?
   – meistens?
   – hin und wieder?
   – selten?
   Erklären Sie, wie Sie zu Ihrer Antwort kommen. Vielleicht fällt Ihnen ein Beispiel ein. (Bei dieser Übung ist es am besten, wenn der Fragende darauf verzichtet, die Antwort zu kommentieren.)

2. Lesen Sie noch einmal die sieben Punkte, die zu beachten sind, um ein guter Zuhörer zu werden. Fragen Sie einander nach jedem Punkt: „Wie gut bin ich an dieser Stelle? Was muß ich ändern, um ein besserer Zuhörer zu werden?“

Hinweis: Es geht hier nicht um gegenseitige Vorwürfe und Kritik, sondern um Verbesserungsvorschläge. Seien Sie positiv und machen Sie einander Mut.

Zuhören ganz praktisch

„Ihr sollt wissen, meine lieben Brüder (und Schwestern): Ein jeder Mensch sei schnell zum Hören, langsam zum Reden, langsam zum Zorn.“

(Jakobus 1,19)

Aufgabe der Woche:

Schreiben Sie auf, welche Vorschläge Ihr Partner zu Frage 2 hatte. Versuchen Sie in dieser und den folgenden Wochen, ganz bewußt an mindestens einem dieser Punkte zu arbeiten.

Konfliktbewältigung...
trifft Entscheidungen

Viele Fachleute meinen, wir hätten nur zwei Möglichkeiten, um auf Konflikte in der Ehe zu reagieren:

- Wir können uns zurückziehen, um damit weitere Verletzungen zu vermeiden.
- Wir können auf den anderen zugehen und versuchen, ihn und uns besser zu verstehen.

„Jede Wechselbeziehung in unserem Leben ist von diesen beiden Zielen bestimmt... In einem Moment versuchen wir, uns zu schützen, und im nächsten wollen wir etwas lernen. Aber das eine schließt das andere aus. Wir können uns nicht gleichzeitig abschirmen (verschließen, kalt und abweisend sein) und öffnen wollen (offen, nett, neugierig sein)."[13]

Konflikte entstehen, wenn die Wünsche, Gefühle oder Vorstellungen von zwei Partnern voneinander abweichen. Der eine möchte vielleicht reden, während der andere den Rasen mähen will; der eine möchte Sex, und der andere seine Ruhe; der eine möchte vor dem Fernseher entspannen und der andere mit der ganzen Familie zum Schwimmen gehen.

Da wir alle unterschiedliche Wünsche, Gefühle und Gedanken haben, sind Konflikte in jeder Ehe unvermeidlich. Sie sollten aber nicht als etwas Negatives oder ein Zeichen des Versagens angesehen werden. Vielmehr sind sie eine Gelegenheit, uns selbst und unseren Partner besser kennenzulernen.

Konflikte können uns entlarven. Sie können zum Vorschein bringen, daß wir unreif sind; zu unsicher, um einander zuzuhören; daß wir Angst haben, etwas anderes zu hören,als was wir glauben oder nötig zu haben meinen. Wir versuchen, uns selbst zu schützen, und aus dieser Haltung heraus werten wir den anderen ab, kritisieren ihn oder verurteilen ihn mit lieblosen, unwahren Anschuldigungen wie zum Beispiel:

– „Du mußt immer nur recht haben."
– „Es ist dir ganz egal, wie ich empfinde."
– „Wie kannst du nur so etwas denken?"
– „Fängst du schon wieder damit an?"
– „Das ist das Dümmste, was ich je gehört habe."

Konflikte können aber auch zeigen, daß wir reif, mitfühlend und gute Zuhörer sind. Immer dann, wenn wir mit einem Menschen zusammen sind, dem wir lieber aus dem Weg gehen würden, kann ein Konflikt ein Anstoß dazu werden, uns positiv zu verändern.

Wir lernen es, freundlich zu reagieren und nicht vorwurfsvoll; Fragen zu stellen oder Bemerkungen einzustreuen, die uns helfen, den anderen besser zu verstehen.

– „Das mußt du mir genauer erzählen."
– „Mich würde interessieren, wie du das empfindest."
– „Ich hatte keine Ahnung, daß du das so aufgefaßt hast."

– „Es tut mir leid, daß ich dich mit meiner Bemerkung verletzt habe.“
– „Das muß für dich sehr schwer sein.“

Jeder Konflikt bietet uns die unschätzbare Gelegenheit, dem anderen näherzukommen und noch besser zu verstehen, was in uns und unserem Partner vorgeht und unsere Beziehung zusammenhält.

So wird Ihre Ehe gefestigt und vertieft

1. Welches der folgenden Worte kommt Ihnen als erstes in den Sinn, wenn Sie das Wort „Konflikt“ hören?

   – Gelegenheit
   – Versagen
   – Wachstum
   – Ablehnung
   – Güte
   – Mißverständnis
   – Wut
   – Kälte
   – Nähe
   – Gewinner und Verlierer

   Welches dieser Worte gibt am besten wieder, wie Sie sich beim nächsten Ehekonflikt verhalten wollen? Oder fällt Ihnen noch etwas anderes ein?

2. Stimmen Sie der Aussage zu, daß es nur zwei Möglichkeiten gibt, auf Konflikte zu reagieren – nämlich den Rückzug, um sich selbst zu schützen, oder das Aufeinanderzugehen, um

sich und den Partner besser kennenzulernen? Warum bzw. warum nicht? Wenn nicht, was für eine andere Lösung fällt Ihnen ein?

3. Überlegen Sie gemeinsam, was Sie im Umgang mit Konflikten in den nächsten acht Monaten ändern wollen.

Konfliktlösung ganz praktisch

„Seid freundlich und geduldig,
gebt andere nicht so schnell auf und dient
einander in selbstloser Liebe."

(Epheser 4,2 Hoffnung für alle)

Aufgabe der Woche:
Nehmen Sie sich Zeit, diese Lektion noch einmal allein durchzulesen. Bitten Sie Ihren himmlischen Vater, daß er Ihnen zeigt, wie Sie bislang bei Konflikten reagieren, und Ihnen hilft, sich dort, wo es nötig ist, zu verändern, damit Sie es lernen, mit Konflikten in Ihrer Ehe besser umzugehen.

WOCHE 7

Vergebungsbereitschaft...
kommt dem anderen entgegen

Ein Paar, das schon einige Jahre verheiratet war, erinnerte sich an ein Erlebnis aus der Verlobungszeit: „Wir hatten einen fürchterlichen Streit", berichtete er. „Wir schrien einander an, und schließlich stürmte ich davon." Er schwieg eine Weile und sah seine Frau an. „Schatz, weißt du noch, worüber wir uns gestritten hatten?"

Sie überlegte eine Minute und erwiderte: „Nein, ich weiß es nicht mehr. Ich kann mich nur noch erinnern, daß ich dir hinterherrannte. Damit war der Streit vorbei."[14]

Stellen Sie sich vor, was passiert wäre, wenn diese kluge Frau nicht ihrem Liebsten hinterhergelaufen wäre. Sie hätten ihre Beziehung gefährdet. Jeder hätte auf seinem Standpunkt beharrt, sie hätten die Arme vor der Brust verschränkt, sich verkrampft und in ihrem Gedächtnis die Erinnerung an den Streit für immer festgeschrieben.

Die wenigen Schritte, die uns voneinander trennen, können schnell zu einem tiefen Graben der Feindschaft werden, wenn wir die versöhnende Berührung des anderen abwehren. Zur Vergebung gehört der Entschluß, die Schlucht, die uns trennt, mit ausgestrecktem Arm zu überwinden, nach der Hand des anderen zu fassen, ihm übers Haar zu streichen, ihm den Arm um die Schulter zu legen oder seine Wange zu streicheln.

Eine der besten Methoden, um einem Zornausbruch in der Ehe zuvorzukommen, ist folgende: In dem Moment, in dem wir spüren, daß sich etwas zusammenbraut, versuchen wir, uns zu berühren.

Damit beugen wir einer Trennung vor, noch bevor sie eintreten kann. Es ist so gut wie unmöglich, einen Menschen zu hassen, dessen Hand man hält.

Unversöhnlichkeit ist eine Krankheit, die den ganzen Menschen betrifft und sowohl dem Körper wie der Psyche weh tut. Manchmal halten wir uns daran fest, als würden wir damit etwas gewinnen.

Doch der einzige Lohn, den uns dieser Feind der Einheit bringt, sind Kopfschmerzen, Streß, Sodbrennen, Magengeschwüre, arthritische Beschwerden und anderes mehr.

Je länger wir dem anderen unsere Ablehnung zeigen, weil wir verletzt und wütend sind, desto schwieriger wird es, die Kluft zu überwinden und einander zu vergeben. Deshalb warnt uns der Apostel Paulus: „Laßt die Sonne nicht über eurem Zorn untergehen“ (Epheser 4,26).

Wenn wir einander berühren, lassen wir den anderen wissen, daß wir ihn annehmen, auch wenn er uns gerade angefahren hat, uns ungerechte Vorwürfe macht, ungefällig oder rücksichtslos ist. Eines unserer wichtigsten Bedürfnisse ist, zu wissen, daß wir von unserem Partner auch und gerade dann geliebt und angenommen werden, wenn wir es am wenigsten verdient haben. Und das zeigen sich gute Liebende durch Berührungen.

So wird Ihre Ehe gefestigt und vertieft

Bei dieser Übung gibt einer von Ihnen die „Antworten", während der andere zuhört. Dann tauschen Sie die Rollen und wiederholen die Übung.

1. Beantworten Sie die folgenden Fragen:
   Wenn ich gereizt und wütend bin und mich von dir zurückziehe, wäre es mir am liebsten, du würdest
   a) hinter mir herlaufen.
   b) mich in die Arme nehmen.
   c) mich erst einmal fünf Minuten in Ruhe lassen. Dann könnte ich mich dir wieder zuwenden und dich berühren.
   d) mich wegen dem, was du getan hast und worüber ich mich so aufrege, um Verzeihung bitten.
   e) mich küssen und daran hindern, fortzulaufen.
   f) nach meiner Hand fassen.
   g) sonstiges (ergänzen Sie selbst).

Der zuhörende Partner versucht zu klären und fragt: „Willst du damit sagen, wenn du wütend auf mich bist, dann möchtest du, daß ich...?"

2. Überlegen Sie, wie Sie bislang bei Streitigkeiten reagieren und eventuelle Versöhnungsangebote ablehnen:
   – ich schmolle
   – ich ziehe mich zurück

– ich verweigere den Geschlechtsverkehr
– ich zeige die kalte Schulter
– ich gebe nur noch kurze, einsilbige Antworten
– ich reagiere mit eisigem Schweigen
– ich wehre alle Zärtlichkeiten ab
– ich höre nicht mehr zu
– ich schlage zurück
– sonstiges (ergänzen Sie selbst).

3. Wie wäre es, wenn Sie Ihrem Partner folgendes Versprechen geben würden: „Ich will versuchen, keine meiner bisherigen Abwehrtaktiken anzuwenden, wenn du mich zärtlich berührst. Ich will bei dir bleiben und das Problem zusammen mit dir bereinigen."

Versöhnende Berührungen ganz praktisch

„Alle Bitterkeit und Grimm und Zorn
und Geschrei und Lästerung seien fern von euch
samt aller Bosheit. Seid aber untereinander
freundlich und herzlich und vergebt einer dem andern,
wie auch Gott euch vergeben hat in Christus."

(Epheser 4,31-32)

Aufgabe der Woche:
Wenn Ihr Partner zornig wird und Sie sich am liebsten zurückziehen möchten, gehen Sie auf ihn zu und berühren Sie ihn. Die heilende Kraft der Vergebung liegt in Ihren Händen.

WOCHE 8

Emotionale Nähe...

öffnet sich

Der Pfarrer und Autor William Coleman schreibt: „Jedes Herz sollte ein Paar Ohren haben. Die Ohren an unserem Kopf sammeln Informationen, die Ohren an unserem Herzen registrieren die Gefühle."[15]

Wer mit dem Kopf hört, sagt zum Beispiel:

- „Das Leben ist nicht einfach, weißt du."
- „Was soll's? Blas' die Party einfach ab."
- „Na, was willst du jetzt machen?"
- „Ich weiß genau, was du denkst."

Wer mit dem Herzen hört, sagt dagegen:

- „O nein. Das ist ja furchtbar."
- „Das hat dich wirklich geärgert, nicht wahr?"
- „Willst du damit sagen, du hast die Nase voll? Du willst am liebsten Schluß machen?"
- „Mir scheint, du fühlst dich irgendwie ausgeschlossen und unverstanden. Habe ich recht?"

Nähe entsteht durch die Bereitschaft, transparent zu sein. Falls wir von unseren geheimsten Wünschen sprechen, einen Gedanken äußern, den wir bislang für uns behalten haben, oder etwas von unseren Gefühlen preisgeben, öffnen wir uns dem anderen auf einer ganz persönlichen Ebene.

Das Wort für Nähe und Vertrautheit, Intimität, ist von dem lateinischen Wort intimus (der „Innerste") abgeleitet. Man weiß vielleicht, was der Partner am liebsten ißt, wie er im Bett ist, wo er morgen hingeht oder was ihm an seiner Arbeit besonders gefällt, und trotzdem weiß man nichts von seinem eigentlichen Wesen, was er wirklich denkt.

Wollen wir uns auch gefühlsmäßig nahekommen, müssen wir es lernen, nicht nur mit dem Kopf, sondern auch mit dem Herzen auf den anderen zu hören. Wir können natürlich die unterschwelligen Gefühle zu ignorieren suchen und uns auf einer rein intellektuellen Ebene verständigen. Aber ist das alles, was wir von einer Ehe erwarten? Hoffentlich nicht!

Damit emotionale Nähe wachsen und im Garten unserer Liebe Wurzeln schlagen kann, braucht es zwei Partner, die bereit sind:

– verletzlich zu sein und geheime Gedanken und verborgene Gefühle zu teilen.
– interessiert und voller Anteilnahme zuzuhören, wenn der andere seine Gedanken oder Gefühle äußert.
– die Gefühle und Gedanken des anderen zu achten, ohne ihn zu kritisieren, zu verurteilen oder herabzuwürdigen. (Wir müssen uns bewußt verbieten, zu sagen: „Wie kannst du nur so etwas denken?").

In den meisten Ehen fällt es einem der Partner leichter, über seine Gedanken und Gefühle zu reden, als dem anderen. Jay Kesler erklärt, warum Ehemänner oft mehr Angst davor haben, sich verletzlich zu machen, als ihre Frauen: „Männer sind dazu erzogen worden, ihre innersten Gedanken und Gefühle für sich zu behalten. Viele Männer meinen, das Leben sei wie ein endloses Pokerspiel, in dem sie nie verraten dürfen, was sie wirklich empfinden... Sie sind verschlossen und unfähig, ihre Gefühle und wahren Gedanken zu zeigen, schon gar nicht ihren Frauen."[16]

Intimität wächst aber nicht wie Unkraut im Garten ohne unser eigenes Zutun. Sie ist vielmehr wie eine zarte Blume, die im Treibhaus der Liebe gezogen und behutsam gepflegt werden will.

So wird Ihre Ehe gefestigt und vertieft

Stellen Sie einander die folgenden Fragen und hören Sie aufmerksam zu, was der andere sagt – die Antwort kommt für Sie vielleicht völlig unerwartet. Akzeptieren Sie alle Antworten Ihres Partners.

1. Was empfindest du beim Gedanken, mit mir über Intimität und Nähe zu diskutieren? Fühlst du dich bedroht? Bist du verzweifelt, gespannt? Hast du besondere Erwartungen oder eher Angst? Freust du dich, oder willst du lieber nichts davon wissen? Fühlst du dich der Frage gewachsen, oder kommst du dir vor wie ein Versager oder... (ergänzen Sie mit eigenen Worten)? Warum?

2. Welche der folgenden drei Bedingungen für eheliche Nähe würde dir die meisten Schwierigkeiten machen? Warum?

   - Verletzlich sein und auch geheime Gedanken und verborgene Gefühle äußern.

– Interessiert und anteilnehmend zuhören, wenn der andere seine Gedanken und Gefühle offenbart.

– Die Gedanken und Gefühle des anderen respektieren, ohne ihn zu kritisieren, zu verurteilen oder lächerlich zu machen.

3. Entscheiden Sie sich für a) oder b). Tauschen Sie sich eine Minute lang über die Frage aus, aber nicht sachlich, sondern eher spontan und gefühlsmäßig.

a) Wie haben Sie das Aufwachsen mit Ihren Eltern, Geschwistern und anderen nahen Verwandten empfunden?

b) Welche Gefühle bewegen Sie, wenn Sie die folgenden Worte hören?
- Zirkus
- mein Lieblingstier
- Weihnachten
- Fußball
- Taschengeld
- Eiskrem
- Puppe
- Neckereien
- Streit

Emotionale Nähe ganz praktisch

„So zieht nun an als die Auserwählten Gottes, als die Heiligen und Geliebten, herzliches Erbarmen, Freundlichkeit, Demut, Sanftmut, Geduld."

(Kolosser 3,12)

Aufgabe der Woche:
Wenn Ihr Partner Ihnen das nächste Mal etwas erzählen will, hören Sie aufmerksam zu. Verbergen sich hinter seinen Worten unausgesprochene Gefühle? Wenn ja, versuchen Sie, diese Gefühle anzusprechen mit Sätzen wie: „Du scheinst dich wirklich darüber zu freuen (oder zu ärgern)."

Wenn wir das Gefühl des anderen falsch gedeutet haben, dann korrigiert er uns vielleicht mit Worten wie: „Nein, Schatz, ich ärgere mich nicht. Aber ich habe das Gefühl, man hätte mich übergangen, und das macht mich traurig."

Körperliche Nähe...
streichelt

Das Wesentliche über die körperliche Nähe läßt sich in einem Satz zusammenfassen: Ohne Berührungen wird eine Ehe nicht überleben. Streicheln, Kuscheln, einander drücken, Küsse, Zärtlichkeiten und Umarmungen sind täglich nötig, um das Bedürfnis des Partners nach Hautkontakt zu stillen.

Regeln dafür gibt es jede Menge. Ein Ehetherapeut empfiehlt „vier Umarmungen am Tag zum Überleben, acht zur Pflege und zwölf zum Wachstum."[17]

Ein Forschungsprojekt der Universität von Kalifornien in Los Angeles hat festgestellt, daß Berührungen unabdingbar sind, um eine intime Beziehung zu beginnen und aufrechtzuerhalten. Vor allem die Frau, so heißt es, braucht pro Tag acht bis zehn zärtliche Berührungen, um an Leib und Seele gesund zu bleiben.

Dabei müssen sich die Berührungen nicht auf Umarmungen, Küsse oder bestimmte Körperzonen beschränken. Über den ganzen menschlichen Körper „sind winzige Berührungsrezeptoren" verteilt.

„Werden diese Rezeptoren berührt, leiten die Nerven diesen Impuls zum Gehirn. Das Gehirn verarbeitet diese Impulse, und wir wissen nun, ob das von uns berührte Objekt warm oder kalt, hart oder weich ist. Auf diese Weise empfinden wir Schmerz oder Freude, und wir können zwischen liebenswert oder feindlich unterscheiden."[18] Überall dort, wo diese winzigen Berührungsrezeptoren besonders dicht beieinandersitzen, zum Beispiel in den Fingerspitzen oder auf der Zungenspitze, sind wir besonders empfänglich für Berührungen.

Das Verständnis für die physiologischen Aspekte macht uns jedoch noch nicht automatisch zu guten Liebhabern. Wir müssen es lernen, unseren Partner an den Stellen zu berühren, an denen es ihm am angenehmsten ist, ob beim einfachen Streicheln oder um ihn sexuell zu stimulieren.

Die Kolumnistin Ann Landers hat ihre Leserinnen befragt, ob es ihnen genügt, in den Arm genommen und liebkost zu werden, ohne daß es zum Geschlechtsverkehr kommt. Von den mehr als neunzigtausend Frauen, die zurückschrieben, antworteten 72 Prozent mit Ja. 40 Prozent der Frauen dieser Gruppe waren unter vierzig.

Wie vielfältig die Botschaften sein können, die wir mit unseren Berührungen vermitteln, schildert der amerikanische Autor Cecil Murphey: „Wenn ich meine Frau Shirley berühre und sie es zuläßt, entsteht so etwas wie ein Einvernehmen. Lege ich meinen Arm um sie, so sage ich damit: ‚Ich bin hier bei dir. Meine Gedanken sind nicht bei den Problemen von morgen oder der Arbeit, die ich heute nicht zu Ende erledigen konnte.'

Liebende hören mit den Händen. Ein sanftes Streicheln, eine herzliche Berührung bewirken, daß der andere sich öffnet, und sagen: ‚Du darfst bei mir so sein, wie du bist. Ich bin da und höre dir zu.‘

Wenn ich Shirleys Hand halte und sie redet, reagiere ich ganz unbewußt und drücke zum Beispiel ihre Finger. Wenn es ihr nicht so gutgeht, legt sie vielleicht ihren Kopf an meine Schulter, und ich streiche ihr übers Haar. Mit meinen Fingern sage ich: ‚Schon gut, Schatz.‘

Die Hände Liebender reden, wenn Worte überflüssig sind. Manchmal reden sie eine deutlichere Sprache als jedes Wort.“[19]

So wird Ihre Ehe gefestigt und vertieft

Nehmen Sie sich zusammen mit Ihrem Partner Zeit für die folgende „Berührungsübung“ (wechseln Sie anschließend die Rollen und machen Sie dieselbe Übung noch einmal):

1. Berühren Sie Ihren Partner so, wie Sie selbst berührt werden möchten. Zeigen Sie ihm, wie und wo Sie am liebsten geküßt, berührt, gestreichelt, massiert werden wollen.

2. Lassen Sie sich von Ihrem Partner drei Minuten lang so küssen, berühren, streicheln, massieren, wie Sie es ihm gerade gezeigt haben.

Körperliche Berührungen ganz praktisch

„Seine Linke liegt unter meinem Haupte,
und seine Rechte herzt mich.“

(Hoheslied 2,6)

Aufgabe der Woche:
Nehmen Sie Ihren Partner mehrmals am Tag in die Arme, jedoch ohne sexuelle Hintergedanken. Reden Sie am Abend vor dem Einschlafen darüber, wie Sie es empfunden haben, öfter berührt zu werden als sonst.

Geistliches Leben...
segnet

Da sitzt ein Mann am Sonntag morgen im Gottesdienst. Sein Nachbar sitzt zu Hause im bequemen Sessel und blättert gerade die Sonntagszeitung durch. Nehmen wir einmal an, die beiden seien etwa gleich alt und verdienten in etwa genauso viel. Keiner von beiden raucht, trinkt oder spielt im Lotto.

„Welcher der beiden lebt länger und führt eine gesündere Ehe?"

Antwort: Der Mann (oder die Frau), der den Gottesdienst besucht. In den vergangenen Jahren haben wissenschaftliche Untersuchungen bestätigt, was der gesunde Menschenverstand uns schon seit Jahren gezeigt hat; nämlich daß „Kirchgänger" länger leben, sich nicht so schnell scheiden lassen und glücklicher sind als die, die sagen, sie glauben nicht an Gott... Die Wissenschaft bestätigt damit nur, was die Bibel uns schon seit Jahrhunderten sagt: ‚Die Furcht des Herrn führt zum Leben' und 'Wer eine Ehefrau (einen Mann) gefunden hat, der hat etwas Gutes gefunden.'"[20]

Im selben Artikel schreiben die Sexualwissenschaftler Larson und Mary Ann Mayo: „Wer auch nur einmal im Monat den Gottesdienst besucht, erhöht die Chancen für ein Fortdauern seiner Ehe. Der Glaube vermittelt dem Ehepaar ein gemeinsames Wertesystem und ein Lebensziel. Der christliche Glaube unterstützt ein Paar darin, sich treu zu bleiben, sich zu achten, einander Halt zu geben, miteinander zu reden, und schafft eine stabile Struktur für das Familienleben. Diese Gemeinsamkeiten stärken die Ehe sowohl auf der Ebene der Gefühle als auch der Sexualität."[21]

Der Glaube ist in vieler Hinsicht ein Segen – oft sogar recht überraschend. Die Untersuchungen von Larson und Mary Ann Mayo widerlegen auch vieles, was die meisten Menschen über die sexuellen Beziehungen denken. „Die gläubigsten Frauen waren auch am zufriedensten, was die ‚Häufigkeit' des Geschlechtsverkehrs anging, und schämten sich nicht, offen mit ihren Männern über sexuelle Fragen zu reden. Zur großen Überraschung kamen sie auch leichter zum Orgasmus als jene, die sich als nicht religiös bezeichneten."[22]

Und noch etwas wird uns zum Segen. „Denken Sie daran: Mit Geld können Sie ein Haus bauen; geben Sie Liebe dazu, und aus dem Haus wird ein Heim; geben Sie Gott dazu, und aus dem Heim wird ein Tempel."[23]

So wird Ihre Ehe gefestigt und vertieft

1. Welche Einstellung hatte Ihre Familie zum Glauben?
2. Mit welchem der folgenden Begriffe würden Sie Ihr Verhältnis zu Gott beschreiben?
   - eng
   - distanziert
   - einsam

– zufriedenstellend
– angenehm
– oberflächlich
– tief
– sonstiges

3. Wie empfinden Sie Ihr momentanes Engagement?

4. Es heißt, der Glaube sei keine Religion, sondern eine Beziehung. Geben Sie auf einer Skala von 1 bis 10 (10 = sehr nahe, 1 = weit entfernt) an, wie nahe Sie Jesus Christus sind.
   Wie nahe möchten Sie ihm gern sein?

5. In welchen Bereichen Ihres Lebens möchten Sie im geistlichen Sinne am meisten wachsen?
   Fassen Sie sich zum Abschluß für einen Moment bei den Händen und beten Sie schweigend für die geistliche Seite Ihrer Ehe.

Geistliches Leben ganz praktisch

„Ihr werdet mich suchen und finden,
denn wenn ihr mich von ganzem Herzen suchen werdet,
so will ich mich von euch finden lassen."

(Jeremia 29,13)

Aufgabe der Woche:
Kommen Sie mindestens einmal in dieser Woche gemeinsam zu Gott und beten Sie dabei: „Herr Jesus, wir möchten dich gern näher kennenlernen."

STUFE

ZWEI

WOCHE 11

Liebe…

redet und *entdeckt*

An einem Frühsommerabend kam Myron erst um halb zwölf von einer Sitzung der Gemeinde zurück. Ich hielt vor Freude den Atem an, als er mir eine frisch geschnittene, riesige Magnolienblüte überreichte. Während ich das Wasser in die Vase fließen ließ, erfüllte ihr feiner Duft die gesamte Küche.

Ich fiel Myron so begeistert um den Hals, als hätte ich gerade ein samtgepolstertes Kästchen mit einer Kette aus Gold geöffnet. Schon die ganze Woche hatte ich bei jeder Fahrt durch unsere Stadt tief aufgeseufzt, wenn ich überall die riesigen Magnolienbäume mit ihren schneeweißen Blüten sah. Myron hatte sich daran erinnert und von einem Ast, der irgendwo über einen Zaun auf die Straße hing, eine Blüte abgeknipst.

Ich habe diese Nacht bis heute nicht vergessen, weil damals eines meiner größten Liebesbedürfnisse gestillt wurde – ich liebe Überraschungsgeschenke! Und ich brauche die

Gewißheit, daß mein Mann auch dann an mich denkt, wenn er nicht bei mir ist. Myrons größte Bedürfnisse dagegen sind sexuelle Erfüllung und ausgesprochene Bestätigung (aber bitte keine Kritik!).

In seinem Buch *Meine Wünsche – deine Wünsche* nennt Willard Harley jr. die fünf Grundbedürfnisse des Mannes in der Ehe. Es sind:

1. sexuelle Erfüllung
2. gemeinsame Freizeitgestaltung
3. eine attraktive Partnerin
4. harmonische häusliche Atmosphäre durch ausgewogene Arbeitsteilung
5. Anerkennung und Bewunderung

Als die fünf Grundbedürfnisse der Frau nennt er:

1. Zärtlichkeit
2. Kommunikation
3. Ehrlichkeit und Offenheit
4. finanzielle Sicherheit
5. Familienbindung[1]

Gary Chapman zählt folgende fünf Grundbedürfnisse auf:

1. Lob und Anerkennung: „Der Anzug steht dir gut!" „Ich bin stolz auf dich!" „Toll! Der Verkäufer des Jahres!"
2. Zweisamkeit – Zeit füreinander, in der alle Unterbrechungen ausgeschaltet sind und man mit offenen Ohren dem anderen seine Aufmerksamkeit schenkt
3. Geschenke, die von Herzen kommen
4. Hilfsbereitschaft: Statt daß Sie alles selbst erledigen müssen, übernimmt Ihr Partner aus Liebe ein paar Aufgaben – die Rechnungen zahlen, nach der Geburtstagsfeier die Wohnung putzen, einkaufen.

5. Zärtlichkeit: Händchen halten, streicheln, kuscheln, Geschlechtsverkehr usw.[2]

Wenn wir es lernen wollen, einander unsere primären Bedürfnisse mitzuteilen, sollten wir bedenken, daß wir uns damit verletzlich machen, da es natürlich passieren kann, daß unser Partner unsere Bedürfnisse nicht erfüllt oder einfach übersieht. Manches von dem, wovon in dieser Lektion die Rede ist, kann vorübergehend weh tun. Das ist der Preis, den wir für echte Nähe zu zahlen haben. Doch falls unsere Ehe dadurch an Qualität gewinnt, sollte es uns ein paar Schmerzen wert sein!

Gerade weil es so einfach ist, den anderen zu verletzen, sollten wir versuchen, uns die Grundbedürfnisse unseres Partners unauslöschlich einzuprägen, und uns bemühen, sie soweit irgend möglich zu befriedigen.

So wird Ihre Ehe gefestigt und vertieft

1. Vervollständigen Sie – jeder – den folgenden Satz: „Ich habe das Gefühl, du kommst dir besonders geliebt vor, wenn ich..." Falls Sie der Zuhörende sind, dann verkneifen Sie sich jeden Kommentar und achten Sie darauf, daß Sie auch nicht durch Ihre Körpersprache Unverständnis oder Mißbilligung zum Ausdruck bringen.

2. Denken Sie jeder für sich über die folgenden Fragen nach:
   - Wie drücke ich meinem Partner meine Liebe aus? (Was Sie für Ihren Partner tun, ist vermutlich auch ein Hinweis darauf, was Sie von ihm für sich erwarten.)
   - Lesen Sie noch einmal die Aufzählungen von Harley und Chapman durch. Dann überlegen Sie, was Ihr Partner für

Ihr größtes Bedürfnis hielt. Hatte er damit recht? Was ist Ihrer Meinung nach Ihr größtes Bedürfnis in der Ehe?

3. Wenn Sie bereit sind, miteinander über Ihre Bedürfnisse zu reden, dann drücken Sie die Hand Ihres Partners und sprechen Sie für ihn den folgenden Satz zu Ende: „Ich glaube, ich fühle mich dann am meisten geliebt, wenn du..."

4. Der zuhörende Partner sollte nun darauf antworten, indem er den folgenden Satz zu Ende spricht: „Wenn ich dir das Gefühl vermitteln will, daß ich dich wirklich liebe, dann wäre es das Beste, wenn ich..."

Liebe ganz praktisch

„Gebt, so wird euch gegeben. Ein volles, gedrücktes, gerütteltes und überfließendes Maß wird man euch in euren Schoß geben; denn eben mit dem Maß, mit dem ihr meßt, wird man euch wieder messen."

(Lukas 6,38)

Aufgabe der Woche:
Wählen Sie eines der Bedürfnisse aus, das Ihr Partner genannt hat, und versuchen Sie, es in den nächsten Tagen wenigstens einmal zu stillen.

Zweisamkeit...

sucht den Blickkontakt und *nimmt sich Zeit*

Fehlt Ihrer Liebe die Romantik? Ist Ihre Ehe zur Routine geworden? Sind Sie müde und erschöpft und wünschten, es würde ein Wunder geschehen?

Eine große Zahl von Eheberatern empfiehlt als Ausweg aus der „Ehemüdigkeit“, sich ganz bewußt und regelmäßig mit dem Partner zu verabreden. Ein Rendezvous pro Woche wird wärmstens empfohlen, jede zweite Woche gilt als das Minimum. Eine Ehe ohne Rendezvous ist wie eine Freundschaft ohne Zärtlichkeiten.

„Es ist wichtig, daß wir die Dinge, die wir am Anfang unserer Beziehung getan haben, wieder neu entdecken“, schreibt Jay Kesler in ihrer Kolumne in der Zeitschrift *Marriage Partnership.* „All das, was wir damals gemeinsam unternommen haben und was wir jetzt vermissen. Dabei geht es nicht nur darum, gemeinsam auszugehen oder etwas zu unternehmen, sondern auch um die Spontaneität und die Blödeleien. Wenn wir heiraten, kaufen wir die Kücheneinrichtung und Luftbefeuchter und Unterbrecher fürs Auto. Aber zwischendurch sollten wir auch wieder einmal an die ganz persönlichen Dinge denken... Und wir müssen uns Zeit nehmen, einfach zusammenzusein und zu entdecken, was es an diesem Menschen, den wir geheiratet haben, Neues gibt."[3]

Falls Sie sich nicht regelmäßig mit Ihrem Partner verabreden, kreuzen Sie bitte an, was Sie daran hindert:

– die Kinder müssen ständig irgendwo hingefahren werden
– Überstunden
– kein Geld
– zu müde
– wir haben keinen Spaß mehr aneinander
– unser Tagesablauf ist zu verschieden
– wir haben jeder zu viele andere Verpflichtungen
– wir haben uns bis jetzt nicht die Zeit genommen, solche Momente einzuplanen
– es gibt so vieles andere, was wichtiger scheint
– wir haben zu wenige gemeinsame Interessen

Entschuldigungen sind wie der Versuch, mit Gewichten an den Füßen zu schwimmen. Wir müssen sie loswerden, sonst werden wir mitsamt unserer Ehe versinken.

Kein Geld? Nehmen Sie ein gemeinsames Bad bei Kerzenlicht. Keine Zeit? Setzen Sie sich, nachdem die Kinder im Bett sind, eine Viertelstunde zusammen auf den Balkon, servieren Sie Ihr Lieblingsgetränk und betrachten Sie zusammen die Sterne.

Die Kinder? Fragen Sie Freunde, ob sie nicht einen Tag oder einige Stunden babysitten können, und genießen Sie die ungestörten Stunden, ohne Piepser, ohne Telefon, ohne Radio oder Fernsehen. (Und vergessen Sie nicht, den Freunden auch einmal einen Gefallen zu tun!)

Kein Spaß mehr miteinander? Brechen Sie aus dem gewohnten Trott aus. Bestellen Sie ein Zimmer im nächsten

Hotel und nehmen Sie nur die Zahnbürste, Ihr Parfüm mit. Lassen Sie den Fernseher abgeschaltet. Machen Sie es sich in den Armen Ihres Partners gemütlich, und schwelgen Sie in Erinnerungen an die Zeit vor der Hochzeit.

Während unserer ganzen Ehe haben wir solche gemeinsamen Wochenenden – ohne Familie, ohne Freunde – immer wieder sehr genossen. Nur wir zwei. Wir haben alles ausprobiert, zwei Wochen auf den Bermudas genauso wie zwei Nächte im leeren Haus von Freunden ohne Radio und Fernsehen und sogar ohne Möbel. Wir haben uns auf dem Boden auf einer Matratze zusammengerollt, das Essen bei McDonalds geholt, sind durch die Wälder gestreift und haben die meiste Zeit im Bett verbracht. Noch heute halten wir an dieser Gewohnheit fest, obwohl wir im Ruhestand und die Kinder längst ausgeflogen sind. Wir sind gern zu zweit allein, wir genießen es, wenn nichts uns ablenkt.

Wenn der Terminkalender überquillt, mag die ungeteilte Aufmerksamkeit des anderen ein echter Luxus sein. Aber vielleicht brauchen wir gerade das – ein gemeinsames Wochenende, weitab von allen Verpflichtungen –, um die Liebe wieder neu zu entfachen. Doch auch eine Stunde in der Eisdiele kann das Gefühl der Zusammengehörigkeit verstärken. Wir können uns mit unseren Blicken streicheln, Händchen halten und uns an besonders romantische Augenblicke in der Vergangenheit erinnern.

So wird Ihre Ehe gefestigt und vertieft

1. Geben Sie den Eheberatern recht, die sagen, Verabredungen seien die beste Methode, um wieder Romantik in die Ehe zu bringen? Warum bzw. warum nicht?

2. Schauen Sie sich Ihren Terminkalender an. Stimmt er mit Ihren Prioritäten überein? Warum? Warum nicht?
3. Besprechen Sie, wo Sie selbst die größten Hindernisse sehen, um sich öfter miteinander zu verabreden. Denken Sie, diese Dinge seien wirklich so wichtig, daß Sie den Rat der Fachleute in den Wind schlagen und vergessen können, daß ein romantisches Beisammensein die Beziehung stärkt?

   Hinweis: Sind Sie in der Rolle des „Zuhörers", so widerstehen Sie der Versuchung, den Ausführungen Ihres Partners, warum er keine Zeit findet, zu widersprechen. Hüten Sie sich auch, für Ihren Partner zu antworten oder Gründe zu suchen, die er nicht erwähnt hat (Tennis, Einkaufen, Fußball, Fitneßcenter usw.)

4. Unterhalten Sie sich über die Antworten, die Sie auf die beiden folgenden Fragen geben:
   – Einige meiner schönsten Verabredungen mit dir waren, als...
   – Ich empfand sie deshalb so schön, weil...

Zweisamkeit ganz praktisch

„Mein Freund antwortet und spricht zu mir: Steh auf, meine Freundin, meine Schöne, und komm her!"

(Hoheslied 2,10)

Aufgabe der Woche:
Wechseln Sie sich in den nächsten vier Wochen dabei ab, Verabredungen zu planen. Bereiten Sie vielleicht eine Überraschung vor, die in Ihrem Partner die Spannung erhöht.

Anerkennung...

bewundert und *sucht das Gute*

„Nur selten treten zwei Menschen vor den Traualtar, die nicht im andern die guten Seiten bewundern und nur das Beste an ihm suchen... Die positiven Eigenschaften des anderen erfüllen in uns ein Bedürfnis und wir nehmen sie nicht nur zur Kenntnis, sondern mögen den anderen gerade deswegen. Ohne weiter darüber nachzudenken, werden wir zu einem ‚Gutes-Sucher' – wir suchen und entdecken das Gute im anderen, seine Stärken, und wir erwarten nur das Beste."[4]

Leider wird in den meisten Ehen im Laufe der Zeit dieses „Gutes-Suchen" durch das „Fehler-Finden" abgelöst. Wir fangen an, gerade an den Eigenschaften herumzumäkeln, die wir einmal als Stärke bewundert haben. In der Regel sind das auch genau die Eigenschaften, die uns selbst fehlen und die wir darum von unserem Partner als Ergänzung unserer eigenen Persönlichkeit brauchen.

Wenn wir schnell müde werden, kritisieren wir vielleicht die Ausdauer und die fehlenden Gemütsbewegungen des anderen; wenn wir einen Reinlichkeitsfimmel haben, meckern wir über seine mangelnde Ordnungsliebe; wenn wir der „helle Kopf“ sind, der immer vor Ideen sprüht, verurteilen wir vielleicht die fehlende Kreativität des andern; wenn wir eher nervös sind, dann nervt uns die Gelassenheit des andern.

Wenn statt Anerkennung nur noch verurteilt wird, wird am Fundament der Ehe selbst gerüttelt. Nie dürfen wir es zulassen, daß Kritiksucht stärker wird als das Bedürfnis, Gutes zu suchen.

Im Anfang unserer Ehe verwandelte ich (Bobbie) mich schnell zum Experten, der bei Myron nur die Fehler sah, während ich selbst mein größter Bewunderer wurde! Ich behandelte ihn wie einen Lehmkloß, den ich kneten, drücken und nach meinen eigenen Vorstellungen zu dem Mann formen konnte, den ich mir wünschte – stark und selbstbewußt (dabei hätte er es nie ausgehalten, länger als eine Woche mit mir selbstbewußtem, mit eisernem Willen versehenen Wesen verheiratet zu sein). Dabei übersah ich völlig seine starken Seiten, seine Freundlichkeit, seine Demut und Ausdauer – alles Dinge, die mir fehlten. Gerade diese Eigenschaften, die mich zu ihm hingezogen hatten, kritisierte ich nun in unserer Ehe und betrachtete sie als Schwächen.

Heute suche ich, mit Gottes Hilfe, das Positive bei meinem Mann Myron. Ich brauche die Stärken meines Mannes zu meiner Ergänzung, genauso wie er meine spontane, organisierte, impulsive Persönlichkeit braucht. Myron selbst hat mich übrigens in seiner Bescheidenheit vom Tag unserer Eheschließung an als die Ergänzung gesehen, die er brauchte.

James Dobson erzählt die Geschichte von einem Chirurgen, der am Bett einer jungen Frau steht: „Sie war am Gesicht operiert worden, ihr Mund war durch eine Lähmung grotesk verzerrt. Ein winziger Ast des Gesichtsnervs, jener der zum Mundwinkel führte, war beschädigt worden.

‚Wird mein Mund immer so bleiben?' fragte sie.

‚Ja', erwiderte ich.

Sie nickte und schwieg. Aber ihr junger Ehemann lächelte.

‚Mir gefällst du', sagte er. ‚Irgendwie sieht es richtig süß aus.'

Ganz sorglos beugte er sich und küßte sie auf den entstellten Mund, und ich konnte beobachten, wie er selbst seine Lippen verzog, um sich ihr anzupassen und ihr zu zeigen, daß das Küssen noch immer funktionierte. Ich hielt den Atem an und staunte über dieses Wunder."[5]

Diese Frau erlebte etwas, wonach sich alle Ehepartner sehnen: bedingungslose Liebe und Annahme.

So wird Ihre Ehe gefestigt und vertieft

1. Was hat Sie an Ihrem Partner besonders angezogen?

2. Welche der Stärken Ihres Partners fehlt Ihnen? Inwieweit sind diese Stärken eine „Ergänzung" zu Ihnen?

3. Wann hat eine der Stärken Ihres Partners Ihnen in einer besonders schwierigen Situation geholfen? Schildern Sie, was passierte.

Annahme ganz praktisch

„Nehmt einander an,
wie Christus euch angenommen hat.“

(Römer 15,7)

Aufgabe der Woche:
Fragen Sie sich jeden Tag: Suche ich an meinem Partner das Gute, oder finde ich nur noch Fehler?

Treue...

sagt: „Ich will" und *bildet ein Team*

Glückliche Paare bilden ein Team. Wenn der eine am Ball ist, klatscht der andere Beifall. Sie verfügen über Teamgeist und unternehmen vieles gemeinsam. Ausgehen, spielen und arbeiten, Urlaub, schlafen, scherzen, beten und lesen – alles tun sie zusammen.

Der Psychologe Willard F. Harley ist der Meinung, ein Mann solle sich pro Woche mindestens fünfzehn Stunden Zeit für seine Frau nehmen, wenn sie sich ihm so nahe fühlen soll wie am Anfang Ihrer Beziehung. An die Männer gerichtet, schreibt er:

1. Ich habe mein Interessengebiet, und meine Partnerin hat ihres. Wenn diese beiden sich nicht überschneiden, besteht die Gefahr, daß wir uns immer mehr einander entfremden.
2. Jeder Tag und jede Woche beinhalten nur eine gewiße Anzahl von Stunden. Ich kann nun entscheiden, entweder

gemeinsame Interessen zu verfolgen oder meine eigenen. Tue ich letzteres, werden wir uns entfremden, tue ich ersteres, wachsen wir immer mehr zusammen.

3. Wenn ich an den Interessen meiner Partnerin teilhabe, haben wir sehr viel mehr Gesprächsstoff. Die Unterhaltung wird leichter und interessanter. Ich kann ihren Bedürfnissen nach Kommunikation gerechter werden. Das Gespräch wird natürlicher und spontaner.[6]

Vielleicht gelingt es uns nicht, jede Woche fünfzehn Stunden nur für unseren Partner Zeit zu haben, aber wenn wir flexibel sind, dann sollte es doch möglich sein, hier und da ein paar gemeinsame Minuten zu erübrigen. Wir können zum Beispiel:

– *gemeinsam* zu den verschiedenen Verabredungen und Veranstaltungen fahren. Das Treffen des einen beginnt vielleicht früher, und das des anderen endet später. Vielleicht müssen wir auch einen Umweg fahren, aber die Zeit, die wir so für das gemeinsame Gespräch gewinnen, ist es wert. Wir können es bestätigen, weil wir es selbst probiert haben. Durch die gemeinsamen Fahrten, die wir sonst getrennt erledigt haben (zum Zahnarzt, zum Gottesdienst usw.), haben wir viel gewonnen. Die Fahrtzeit bietet eine gute Gelegenheit, sich zu unterhalten, gemeinsam Musik zu hören, sich zu berühren.
– *zur gleichen Zeit ins Bett gehen.* Unsere inneren Uhren schlagen in einem anderen Takt. Myron geht früh zu Bett und ist ein Frühaufsteher. Ich bleibe lieber bis Mitternacht auf und schlafe am Morgen aus. Deshalb schließen wir jeden Abend einen Kompromiß und gehen zur gleichen Zeit ins Bett. Jeder ist bereit, ein Stück weit nachzugeben, damit wir Zeit zum Kuscheln haben.

– *zusammen aufräumen.* Machen Sie gemeinsam sauber, wenn die Gäste gegangen sind. Das entspannte Plaudern macht aus jeder lästigen Hausarbeit ein Vergnügen.
– *die Lieblingssendung auf Video aufnehmen,* damit Sie sie gemeinsam ansehen können. Blenden Sie die Werbespots aus und stellen Sie den Apparat hinterher ab und unterhalten sich in der Zeit, die Sie durch die Werbeminuten gewonnen haben.
– *Kompromisse schließen,* damit es funktioniert. Ich gehe gern allein spazieren, weil ich dabei besser beten kann. Myron hat mich auf seinen täglichen Runden gern an seiner Seite. Deshalb haben wir einen Kompromiß gefunden – einen Kilometer laufen wir gemeinsam, den nächsten getrennt.

Im Anfang empfand ich das ständige Zusammensein als bedrohlich. Doch langsam lernte ich es, meiner unabhängigen Natur auch einmal nein zu sagen, damit wir mehr Zeit füreinander hatten. Das Ergebnis? Unsere Ehe ist romantischer, gesünder und insgesamt angenehmer geworden!

So wird Ihre Ehe gefestigt und vertieft

1. Machen Sie eine Liste mit allen Aktivitäten, zu denen Sie zur Zeit getrennt fahren oder die Sie getrennt unternehmen. Besprechen Sie, was Sie davon gemeinsam tun könnten.

2. Wählen Sie zwei kleinere Dinge aus dieser Liste aus, die Sie im nächsten Monat zusammen tun wollen.

3. Sprechen Sie diesen Satz für Ihren Partner zu Ende: „Ich habe dich am liebsten bei mir, wenn...“

Teamwork ganz praktisch

„Die Liebe sucht nicht das Ihre.“

(1. Korinther 13,5)

Aufgabe der Woche:
Nehmen Sie sich vor, eine besonders unangenehme Arbeit gemeinsam zu erledigen.

Gesprächsbereitschaft...
hört zu und *stellt Fragen*

Wendell Johnson sagte einmal: „Wir selbst sind unsere begeistertsten Zuhörer. Niemand kann so gut über interessante Themen reden wie wir. Hätten wir nur uns selbst anzuhören, wäre das Zuhören überhaupt kein Problem."

Es liegt in unserer Natur, daß wir lieber reden als zuhören. Während wir uns bemühen, wenigstens ein bißchen davon mitzubekommen, was ein anderer sagt, jagen uns die Gedanken, Probleme, Späße und Anekdoten, die wir darauf erwidern könnten, durch den Kopf und warten nur darauf, hervorzusprudeln. Die Folge? Paul Tournier hat gesagt: „Hören wir nur einmal den Gesprächen unserer Welt zu, ob zwischen den Völkern oder einem Ehepaar. Sie sind zum größten Teil Dialoge zwischen Tauben."[7]

Zu oft hören wir nur zu, um zu unterbrechen, zu korrigieren, unsere Meinung anzubringen, über unsere eigenen Interessen zu reden. Selten jedoch hören wir so intensiv hin, daß wir wirklich hören und verstehen, was der andere sagt.

Eine hervorragende Methode, unsere Fähigkeit zum Zuhören zu schulen, besteht darin, unserem Partner drei Fragen zu stellen, bevor wir den Fluß der Unterhaltung unterbrechen, um über uns selbst zu reden.

Diese Methode ist ein guter Test, um zu prüfen, ob wir beim Zuhören an uns selbst denken oder nicht. Um die drei Fragen stellen zu können – bevor wir mit unserem „Ich"- Satz beginnen und die Unterhaltung auf unsere Vorstellungen, Interessen oder Probleme lenken –, müssen wir nämlich aufmerksam hinhören. Wir benutzen erst einmal Sätze, die das Gesagte widerspiegeln, wie zum Beispiel: „Das klingt, als hätte es Dir Spaß gemacht", „Das muß ja schrecklich gewesen sein" oder „Erzähl weiter". Die Aufmerksamkeit bleibt damit weiter auf den Sprechenden gerichtet.

Im folgenden drei Versuche, die hier geschilderte Methode anzuwenden.

Versuch 1:
Ehemann: „Heute war ein phantastischer Tag!"
Ehefrau: „Schön für dich. Meiner war furchtbar."
Das ging daneben. Die Frau hat von sich selbst gesprochen, bevor sie ihrem Mann auch nur eine Frage gestellt hat. Sie benutzte die Bemerkung ihres Mannes als Sprungbrett, um ihren eigenen Tag zu schildern.

Versuch 2:
Er: „Heute war ein phantastischer Tag!"
Sie: „O schön. Was hast du gemacht?"
Er: „David hat angerufen und gefragt, ob ich nicht auf die Farm kommen könnte. Sein englischer Setter hat Junge bekommen, und er wollte, daß ich mir die Bescherung ansehe."

Sie: „Ach, wie schön. Aber hättest du nur die Bescherung gesehen, die ich hier zu Hause hatte."

Na ja, eine Frage ist schon besser als gar keine. Aber wir wollen es noch einmal versuchen.

Versuch 3:

Er: „Heute war ein phantastischer Tag!"

Sie: „O schön. Was hast du gemacht?" *(Frage 1)*

Er: „David hat angerufen und gefragt, ob ich nicht auf die Farm kommen könnte. Sein englischer Setter hat Junge bekommen, und er wollte, daß ich mir die Bescherung ansehe."

Sie: „Sie sind bestimmt süß." *(Frage 2 ist ein Aufhänger, der sagt: Sprich weiter. Das interessiert mich.)*

Er: „Alle sechs sind vollkommen. Aber was noch wichtiger ist, David und ich hatten endlich einmal Zeit, unser Problem aus dem Weg zu räumen."

Sie: „Das war sehr wichtig für dich, nicht wahr?" *(Frage 3)*

Er: „Ja. Die Freundschaft mit David liegt mir sehr am Herzen. Seit unserem Streit letzten Monat war mir nicht wohl. Jetzt ist die Sache geklärt. Darüber bin ich sehr froh!"

Was hätte die Frau verpaßt, falls sie sofort von ihren eigenen Problemen gesprochen hätte, ohne auch nur eine Frage zu stellen. So hat sie eine Menge über ihren Mann erfahren. Auch wir sollten uns angewöhnen, diese drei Fragen zu stellen, so gelangen wir nämlich zum Herzen des Sprechenden, wo die Gefühle oder Probleme liegen.

Der Gegenstand, mit dem wir eine Unterhaltung beginnen, ist der „Einstieg", aber selten das wahre Problem. In unserem Beispiel begann der Mann mit einer Feststellung: „David hat angerufen". Doch das Gespräch endete damit, daß das echte Problem gelöst wurde. Er hatte sich mit seinem Freund gestritten, und nun hatten sich sich wieder versöhnt.

Die Frau aus Versuch 3 machte ihrem Mann ein Geschenk, das leider allzu selten ist: Sie hörte zu! Und beim Zuhören entdeckte sie den Reichtum seines Herzens und traf auf eine Goldmine.

So wird Ihre Ehe gefestigt und vertieft

Bei dieser Übung ist einer der „Sprecher". Der andere hört zu. Anschließend wechseln Sie die Rollen.
Sprecher: „Schatz, ich will dir von dem schönsten Tag erzählen, den ich mit dir erlebt habe." Versuchen Sie, zwei bis drei Minuten lang zu reden.
Hörer: Stellen Sie mindestens drei Fragen oder werfen Sie Sätze ein, die den anderen zum Weiterreden ermuntern, damit Sie soviel wie möglich darüber erfahren, warum dieser Tag Ihrem Partner so wichtig war.

Hinweis: Es kommt bei dieser Übung nicht so sehr auf die Einzelheiten an, also ob die Zeit– oder Ortsangaben stimmen. Sie müssen Ihren Partner nicht korrigieren.

Kommunikation ganz praktisch

„Aber selig sind eure Augen,
daß sie sehen, und eure Ohren, daß sie hören."

(Matthäus 13,16)

Aufgabe der Woche:
Zählen Sie jedesmal bis drei, wenn Sie Ihren Partner etwas zum Thema der Unterhaltung fragen, die er begonnen hat.

Konfliktbewältigung...

trifft Entscheidungen und *lebt in der Gegenwart*

Ich erinnere mich noch an unseren ersten Streit. Nebeneinander saßen wir auf unserem Bett, ließen die Beine über die Bettkante baumeln, und ich blickte in Myrons traurige Augen und fragte: „Was ist los?"

Ich sehe ihn immer noch vor mir in seinem zerknitterten blauen Schlafanzug mit dem verdrehten Kragen. Er ließ den Kopf hängen.

„Hm, wahrscheinlich ist es gar nichts. Aber ich will von dir wissen, daß es nicht stimmt."

„Daß was nicht stimmt?" fragte ich und ließ seine Hand los. „Nun, meine Mutter hat mir da so eine Geschichte von dir und Jimmy Yates erzählt und daß ihr euch irgendwo auf dem Land getroffen hättet. Sag mir einfach, daß es nicht wahr ist, dann ist alles gut."

„Du meinst, ich soll dir jedesmal, wenn deine gestörte Mutter dir irgendeine verrückte Geschichte erzählt, schwören, daß ich dir nicht untreu war?"

Ich sprang vom Bett, schnappte mein Kissen, marschierte aus dem Zimmer und knallte die Tür hinter mir zu. Diese Nacht schlief ich auf dem Sofa, allein. Ich war tief getroffen und zog mich in der Folge immer mehr von Myron zurück, damit er mich nicht noch weiter verletzen konnte. Außerdem wollte ich ihn damit bestrafen.

In Wahrheit strafte ich nur mich selbst. Mindestens einmal pro Woche wühlte ich im Mülleimer meiner Verletzungen aus der Vergangenheit, um Myron an sein Versagen zu erinnern. Er sollte nur nicht vergessen, wie unfair er gewesen war, meine Treue einfach so in Frage zu stellen. Ich war wie von Sinnen vor Schmerz und wußte nicht, wie ich die häßlichen Gedanken, die mir Tag und Nacht durch den Kopf wirbelten, stoppen sollte. Schließlich geriet ich in eine tiefe Depression. Mit meiner Weigerung, Vergangenes loszulassen, fügte ich mir sowohl körperlich wie seelisch großen Schaden zu und zerstörte acht Jahre unserer Ehe.

Das Trauma fand ein Ende, als ich Jesus Christus in mein Herz einlud und er mir alle meine Schuld vergab. Aber es dauerte Monate, bis ich mich mit der endlosen Liste all meiner eigenen Schwächen und Fehler auseinandersetzen konnte, für die ich Gottes Vergebung brauchte. Er vergab mir, und damit war ich frei, mich Myron zuzuwenden und ihm nun auch den einen Fehler zu vergeben, den er an mir begangen hatte. Wie herrlich war es, endlich wieder im Heute leben zu können.

Weil ich aus eigener Erfahrung weiß, was für einen hohen Preis wir zahlen, wenn wir den anderen damit strafen wollen, daß wir an unguten Dingen aus der Vergangenheit festhalten, habe ich es mir zum Vorsatz gemacht, sofort Verletzungen zu vergeben, und selten, wenn überhaupt, gehe ich zornig zu Bett. Das Sofa in unserem Wohnzimmer mußte nie wieder als Notbett für einen wütenden Ehepartner herhalten.

Haben Sie sich je den Tag mit Sorgen und Problemen von gestern verdorben? Das geschieht sehr leicht, wenn wir uns nur auf uns selbst konzentrieren und darauf, wie wir verletzt wurden. Wir werden abweisend und ziehen uns in unser Schneckenhaus zurück.

Hier einige Schritte, um Konflikte positiv zu lösen:

1. *Konzentrieren wir uns auf den Menschen,* den wir lieben, nicht auf den Schmerz, den er uns angetan hat.
2. *Verbieten wir es uns, davonzulaufen.* Sich auf den geliebten Menschen konzentrieren bedeutet, daß wir an seiner Seite bleiben. Wir müssen einen Schritt auf ihn zu tun und ihn berühren, auch wenn es uns schwerfällt. In Kontakt bleiben ist wesentlich für die Lösung von Konflikten. Wir müssen uns heute dafür entscheiden, nicht davonzurennen und uns voreinander oder vor dem Problem zu verstecken.
3. *Rufen wir uns ins Gedächtnis, daß wir nur zwei Möglichkeiten haben:* Entweder wir versuchen, uns zu schützen, oder wir öffnen uns und versuchen, den anderen zu verstehen.
4. *Blicken wir auf Gott.* Wenn wir verletzt sind und unserem Partner vergeben müssen, wird Gott uns die Kraft dazu geben, sofern wir ihn darum bitten. Manchmal müssen wir uns daran erinnern, daß wir selbst Gottes Vergebung auch nicht verdient haben, damit wir erkennen, wie nötig es ist, unserem Partner zu vergeben.
5. *Bestrafen wir uns nicht selbst.* Wenn wir an unserem Schmerz festhalten und unsere Wunden lecken, wächst in unserem Herzen leicht die Bitterkeit. Die Bibel sagt, sie kann uns vergiften (siehe Hebräer 12,15). Diese Vergiftung kann sich in Angstzuständen äußern, in Kopfschmerzen, Depres-

sionen, Magen- oder Herzbeschwerden. Wir müssen es lernen zu vergeben und die Vergangenheit loszulassen und uns statt dessen auf den Menschen zu konzentrieren, den wir lieben.

So wird Ihre Ehe gefestigt und vertieft

1. Wie weit gelingt es Ihnen in Ihrer Ehe, sich auf die Gegenwart zu konzentrieren. Wie würden Sie sich einstufen?

   – ein A, wenn Sie Vergangenes ruhen lassen

   – ein B, wenn Sie hin und wieder auf die Vergangenheit zu sprechen kommen

   – ein C, wenn Sie einmal im Monat alte Verletzungen wieder zur Sprache bringen

   – ein D, wenn Sie ständig in der Vergangenheit wühlen

2. Haben Sie es je zugelassen, daß in Ihrem Herzen Bitterkeit wächst, weil Sie vergangene Fehler nicht loslassen wollten? Haben Sie deshalb körperliche und/oder psychische Beschwerden gehabt?

3. Fällt es Ihnen ganz allgemein schwer, vergangene Verletzungen ruhen zu lassen? Warum?

4. Was könnten Sie tun, um in Zukunft positiver zu reagieren, wenn Ihr Partner Sie verletzt? Nehmen Sie sich zum Abschluß der Übung in die Arme.

Konfliktlösung ganz praktisch

„Laßt die Sonne nicht
über eurem Zorn untergehen, und gebt
nicht Raum dem Teufel."

(Epheser 4,26-27)

Aufgabe der Woche:
Bitten Sie Gott, Ihnen zu zeigen, wo Sie in Ihrem Leben an Zorn und Ärger festhalten. Bitten Sie ihn, Ihnen zu vergeben, daß Sie an der Vergangenheit festhalten. Überlegen Sie, ob Sie auch Ihren Partner um Vergebung bitten sollten, weil Sie das Heute mit der Erinnerung an Gestern verdorben haben.

Vergebungsbereitschaft...

kommt dem anderen entgegen und ***faßt einen Entschluß***

„Ich war 20 und er 26. Wir waren seit zwei Jahren verheiratet, und nie hätte ich gedacht, daß er mir untreu werden könnte. Ich erfuhr die schreckliche Wahrheit, als eine junge Witwe aus der Nachbarschaft kam und mir sagte, sie erwarte ein Kind von meinem Mann. Meine ganze Welt brach zusammen. Ich wäre am liebsten gestorben. Oder hätte sie – und ihn – umgebracht.

Aber ich wußte, das war keine Lösung. Ich betete um Kraft und Weisheit. Und ich erhielt sie. Ich wußte, ich mußte meinem Mann vergeben. Und das tat ich, und ihr auch. Ganz ruhig konnte ich mit meinem Mann über das reden, was ich da erfahren hatte, und dann setzten wir uns alle drei zusammen, um eine Lösung zu suchen... Das Baby wurde bei uns zu Hause geboren. Alle dachten, es wäre mein Kind und die Nachbarin würde mir ‚helfen'... Der Junge wuchs auf wie mein eigenes Kind. Er hat die Wahrheit nie erfahren.

Mit meinem Mann habe ich nie wieder darüber gesprochen. Wir haben das Kapitel vor fünfzig Jahren abgeschlossen. Aber unzählige Male habe ich in seinen Augen die Liebe und Dankbarkeit lesen können."[8]

Diese Frau *entschied sich* bewußt dafür zu vergeben. Es war ihr wichtiger, die Beziehung fortzusetzen als Recht zu behalten, und deshalb war sie bereit, ihrem Mann und der Frau, mit der er ein Verhältnis gehabt hatte, zu vergeben. Vergebung ist ein Willensentschluß, sie geschieht nicht aus einem Gefühl heraus.

Wahre Vergebung... Was verlangt sie von uns?

1. *Wir beschließen zu beten.* Die Frau fand die Kraft zur Vergebung nicht in sich selbst, sondern bei Gott.
2. *Wir beschließen zu vergeben.* Die Frau hätte am liebsten ihren Mann und die andere umgebracht. Aber sie setzte sich über ihre Gefühle hinweg und konnte mit Gottes Kraft und Hilfe vergeben.
3. *Wir beschließen, nicht ständig an das Unrecht zu denken,* das uns angetan wurde, die Tat und den Schmerz, den sie hervorgerufen hat, ständig wieder aufleben zu lassen. Wir wissen nicht, wie die tapfere Frau aus unserer Geschichte mit dem seelischen Schmerz umging, aber wir können uns vorstellen, daß der Kampf nicht einfach war.
   Eine große Hilfe kann es sein, sich im „Ersatz-Denken" zu üben. Beim Ersatz-Denken überlegen wir von vornherein, woran wir denken wollen – womit wir den Groll ersetzen wollen –, wenn alter Groll immer wieder in uns aufsteigen will (darauf kommen wir später noch ausführlicher zu sprechen).

4. *Wir beschließen, nicht immer wieder auf unseren Schmerz oder die Sünde des anderen zu sprechen zu kommen.* Die Frau, die so großzügig vergab, hat ihre Gegenwart nie mit dem Schmerz der Vergangenheit belastet.
   Corrie ten Boom, die viele Jahre in deutschen Konzentrationslagern verbrachte, erinnerte ihre weltweite Zuhörerschaft immer wieder daran, daß Gott unsere Sünden in die Tiefen des Meeres versenkt und dann „ein Schild aufstellt: Fischen verboten." Sie fragte: „Dürfen wir für uns selbst weniger tun?"
5. *Wir beschließen zu vergeben.* Die Frau nahm ihren Mann so an, als habe er nie gesündigt und als sei das Kind ihr eigenes.

Zu einer guten Ehe gehören zwei Menschen, die vergeben können. Wo würden Sie sich im Blick auf Ihre Vergebungsbereitschaft auf einer Skala von 1 bis 10 selbst einstufen? 10 steht für einen Menschen, der gut vergeben kann, 1 für den, der an seinem Groll festhält.

So wird Ihre Ehe gefestigt und vertieft

1. Welche Gedanken und Gefühle hat die oben zitierte Geschichte in Ihnen wachgerufen? Tauschen Sie sich darüber aus.
2. Welcher der fünf Punkte, die zum Vergeben notwendig sind, ist für Sie am schwierigsten? Welchen finden Sie am einfachsten? Tauschen Sie sich aus.
3. Wenn Sie beschlossen haben, Ihrem Partner zu vergeben, wie gut gelingt es Ihnen dann, tatsächlich nicht mehr auf „alte Dinge" zurückzukommen?

4. Wenn wir sagen, wir wollten an eine bestimmte Sache nun wirklich nicht mehr denken, haben wir gerade wieder daran gedacht. Hier kann das „Ersatz-Denken“ helfen. Wir überlegen uns schon vorher, woran wir denken wollen, wenn ungebetene Gedanken in uns aufsteigen. Haben Sie das „Ersatz-Denken“ schon geübt? Hat es Ihnen geholfen? Was für „Ersatz-Gedanken“ haben Sie gewählt?
5. Was können Sie tun, damit es Ihrem Partner leichter fällt, Ihnen zu vergeben? Tauschen Sie sich aus.

Vergebung ganz praktisch

„Ertrage einer den anderen und vergebt euch untereinander, wenn jemand Klage hat gegen den andern; wie der Herr euch vergeben hat, so vergebt auch ihr.“

(Kolosser 3,13)

Aufgabe der Woche:
Jedesmal wenn Sie sich dabei ertappen, wie Sie an eine alte Wunde rühren, probieren Sie das „Ersatz-Denken“. Sie können zum Beispiel Ihr Lieblingslied summen, über einen Psalm oder ein Gedicht meditieren oder sich die guten Eigenschaften Ihres Partners aufzählen.

WOCHE 18

Emotionale Nähe...

öffnet sich und ***ist aufrichtig***

Emotionale Nähe entsteht, wenn wir ehrlich miteinander über die Gefühle reden, die unser Herz und Gemüt bewegen. Emotionale Nähe kann offen sein und weiß, daß Gefühle nicht richtig oder falsch sind, sondern neutral. Emotionale Nähe läßt in die Seele schauen, weil sie weiß, daß der Partner versteht und uns wegen unserer Gefühle nicht verurteilt.

Warum spielen wir, wenn es um die Gefühle geht, mit unserem Partner nur allzuoft Verstecken? Weil wir Angst haben, wirklich aufrichtig zu sein!

1. Wir fürchten, wir machen uns lächerlich, wenn wir unsere Gefühle zeigen. Da Gefühle die erste, spontane Reaktion auf eine Situation oder einen Menschen sind, können wir sie nicht beeinflussen. Und oft ist unsere Reaktion auf eine Situation ganz anders als die eines anderen. Das ruft in uns vielleicht die Befürchtung hervor, unsere Reaktion sei

„unreif“ oder aus anderen Gründen unangebracht. Und diese Angst, uns in den Augen unseres Partners lächerlich zu machen, hält uns davon ab, über Dinge zu reden, über die wir verschiedener Meinung sind.

2. Wir haben Angst, weil wir nicht zugeben können, daß Gefühle an sich neutral sind und weder falsch noch richtig, weder gut noch böse, weder dumm noch vernünftig. In dem Maße, wie wir es lernen, die Gefühle als neutral anzusehen, erhalten wir auch die Freiheit, mit unserem Partner darüber zu reden.
3. Wir spüren, daß wir unsere Gefühle nicht beeinflussen können. Wenn wir hart arbeiten, kommt unter Umständen der Erfolg. Wir können aber nichts dazu tun, um wirklich glücklich zu werden oder erfolgreich zu sein.
4. Es gefällt uns nicht, was die Gefühle mit uns machen. Wir wollen unserem Partner vielleicht nett und liebevoll begegnen, und statt dessen reagieren wir gereizt und ziehen uns zurück. Dann haben wir leicht das Gefühl, mit uns selbst sei etwas nicht in Ordnung.

Weil der Umgang mit den Gefühlen so schwierig ist, liegt die Versuchung nahe, einen Schutzwall um uns aufzurichten, der bestimmte Gefühle von uns fernhält, oder die eigenen unkontrollierbaren Gefühle ganz tief in uns zu vergraben. Zwei Gründe sprechen allerdings dagegen:

Grund 1: Wer versucht, die Gefühle, die er an sich heranlassen will, selbst auszuwählen, der verhält sich wie einer, der in der Schokolade nur den Zucker essen will. Beide Male gilt: alles oder nichts. Indem wir uns gegen bestimmte Gefühle abschirmen wollen, laufen wir Gefahr, alle Gefühlsregungen zu unterdrücken. Wir werden zu seelischen Autisten, unfähig, den Schmerz oder die Freude anderer Menschen mitzuerleben.

Grund 2: Verdrängte Gefühle verschaffen sich auf andere Weise Gehör. John Powell sagt dazu: „Wenn ich meine Gefühle unterdrücke, zählt mein Magen die Punkte."[9]

Wir sind als Gottes Ebenbild erschaffen. Dazu gehört auch die jeweilige gefühlsmäßige Veranlagung. Durch die ganze Bibel hindurch, vom 1.Buch Mose bis zur Offenbarung, spricht Gott selbst offen von seinen Gefühlen. Ständig erinnert er uns an seine Liebe (Psalm 100,5), seine Eifersucht (2.Mose 20,5), seinen Zorn (5.Mose 32,19) und vieles andere. Gott steht zu seinen Gefühlen und sagt: „Ja, so empfinde ich". Sollten wir weniger tun? Selbst negative Gefühle können unser Leben bereichern und letztlich Gutes bewirken: Zorn gibt uns den Ansporn, gegen das Böse zu kämpfen; Angst bewahrt uns vor dummen Fehlern wie zum Beispiel davor, von einem steilen Kliff zu springen; Depressionen können ein Hinweis darauf sein, daß wir Ruhe brauchen und Abstand gewinnen müssen. Jedes Gefühl hat so seine positive Seite.

Und es gibt auch gute Gründe, aufrichtig mit unserem Partner darüber zu reden, wie wir gerade empfinden. Verdrängte Gefühle gewinnen allmählich Einfluß über uns. Gefühle, die ausgesprochen und verstanden werden, verlieren jedoch ihre Macht über unser Leben. Wenn wir mit unserem Partner aufrichtig über unsere Gefühle reden, werden wir dadurch dazu befreit, nicht bei diesen Gefühlen stehenzubleiben, sondern uns näherzukommen.

So wird Ihre Ehe gefestigt und vertieft

1. Welche der vier genannten Ängste veranlaßt Sie dazu, Ihre Gefühle vor Ihrem Partner zu verstecken? Reden Sie mit Ihrem Partner über Ihre Gefühle.

2. Haben Sie sich je hinter einem Schutzwall verkrochen, damit Sie gewisse Gefühle nicht erleben mußten? Schildern Sie, wie das war.
3. Bewerten Sie auf einer Skala von 1 bis 10 (1 steht für schwierig und 10 für besonders leicht), wie leicht es Ihnen fällt, mit Ihrem Partner über Ihre Gefühle zu sprechen. Erklären Sie Ihrem Partner die Gründe.
4. Fiel es Ihnen in der Zeit Ihres Kennenlernens leichter oder schwerer, aufrichtig miteinander zu reden?
5. Was können Sie gemeinsam tun, um in Ihrer Ehe zu größerer emotionaler Nähe zu kommen?

Emotionale Nähe ganz praktisch

„Darum legt die Lüge ab und redet die Wahrheit, ein jeder mit seinem Nächsten (Sie sind für Ihren Partner der allernächste Nächste), weil wir untereinander Glieder sind."

(Epheser 4,25)

Aufgabe der Woche:
Reden Sie offen und aufrichtig mit Ihrem Partner, wo Sie normalerweise schweigen und nichts von Ihren Gedanken oder Gefühlen verraten.

Körperliche Nähe...

streichelt und *wirbt um den anderen*

Der Romantiker zündet nicht nur eine Kerze an oder schenkt Blumen, sondern baut eine Brücke aus Freundschaft, Verständnis und Sicherheit, über die der zurückhaltendere Partner in die Arme des Wartenden gehen kann.

Fast jedes Ehebuch geht davon aus, daß die Frau in der richtigen Stimmung sein muß, um Sex zu haben, während der Mann das Verlangen verspürt, sobald er seine Frau im Negligé sieht. Aber ist es fair, diesen Unterschied immer wieder so zu betonen und damit die leidenschaftliche Frau des eher zurückhaltenden Mannes zu verunglimpfen?

Der folgende Brief einer schon etwas älteren Frau ist ebenso lustig wie ergreifend:

„Das körperliche Zusammensein mit meinem Mann Peter ist mir ungeheuer wichtig. Es müßte schon eine mittelschwere Katastrophe eintreten, damit ich keine Lust darauf habe. Für Peter dagegen rangiert der Geschlechtsverkehr irgendwo hinter dem Autowaschen und dem Füttern seines Goldfischs. Er braucht ihn nur, wenn wirklich gar nichts anderes mehr zu tun ist. Wir nehmen uns nie vor, Geschlechtsverkehr zu haben. Peter meint, Sex zu planen, sei unmoralisch... In seinen Augen ist Geschlechtsverkehr vor Sonnenuntergang eine Bedrohung für die Familie."[10]

Eine andere Ansicht vertreten Smalley und Trent: „Die Männer sind wie eine Mikrowelle - man kann sie zu jeder Tages- und Nachtzeit anstellen, und sie werden sofort heiß. Die Frau hingegen ist normalerweise wie ein Römertopf. Sie braucht Zeit, um sich für die sexuelle Erfahrung zu erwärmen und Geschmack daran zu finden. Am meisten hilft ihr dabei eine gesunde Beziehung."[11]

Doch egal, wem mehr nach sexuellem Kontakt verlangt, eines gilt für Frauen wie Männer gleichermaßen: Romantik, das Werben um den anderen, ist unabhängig vom Sex und sehr, sehr wichtig. Nach dem Tod seiner Frau schrieb C. S. Lewis: „Jene paar wenigen Jahre haben H. und ich in Liebe geschwelgt; in jeder Form: ernst und heiter, romantisch und realistisch, manchmal dramatisch wie ein Gewitter, manchmal behaglich und schlicht, als ziehe man die weichen Pantoffeln an. An Herz und Leib blieb nichts unbefriedigt."[12]

Romantik könnte man deshalb so definieren: „Wir werben um den geliebten Menschen, damit nichts an Herz und Leib unbefriedigt bleibt." Hier ein paar Tips, wie die Romantik gepflegt werden kann:

1. Romantik kann am besten geübt werden, wenn einer von beiden bereit ist, sich etwas einfallen zu lassen, um dem anderen zu zeigen, wie sehr ihm an ihm liegt. Der Autor von *Eine harte Gnade* schreibt: „Jemanden lieben ist eine Art von Anbetung, die den Liebenden vom ‚Ich' zum ‚Du' des Geliebten führt."[13] Probieren Sie doch einmal das Folgende:

– Überraschen Sie Ihren Partner mit einem Zettelchen in der Frühstücksdose, zum Beispiel: „Der Abend gestern mit dir war phantastisch“ oder einfach: „Ich liebe dich.“
– Kaufen Sie die Lieblingspralinen für Ihren Partner, oder gehen Sie am Samstag früh zum Bäcker, um für ihn frische Brötchen zu holen.
– Rufen Sie im Lauf des Tages einfach an, um ihm zu sagen: „Du fehlst mir.“ Ein kurzer Anruf aus der Küche, von der Arbeit oder aus dem Büro hebt garantiert die Stimmung.
– Bringen Sie eine rote Rose mit nach Hause. Aber Vorsicht: Kaufen Sie nicht nur dann Blumen, wenn Sie etwas wollen. Und tragen Sie nicht nur dann Parfüm, wenn Sie auf einen romantischen Abend hoffen, sondern jeden Abend!
– Pflegen Sie die Romantik aus dem einzig gültigen Grund: um dem Partner, den Gott Ihnen geschenkt hat, Ihre Liebe und Bewunderung zu zeigen.

2. Die Vorfreude auf einen romantischen Abend kann den ganzen Tag bestimmen. Zünden Sie schon beim Frühstück eine Kerze an, damit Ihr Partner spürt, daß Sie am Abend seine Nähe ersehnen. Legen Sie eine Blume aufs Kopfkissen Ihres Partners, bevor er von der Arbeit nach Hause kommt, um anzudeuten, daß Sie sich heute abend etwas Besonderes wünschen. Oder Sie probieren diese kleine, romantische Geste – Sie schlagen schon das Bett auf und legen eine Praline aufs Kopfkissen.
3. Damit echte Romantik entstehen kann, müssen Kopf und Herz zur Ruhe kommen. Wenn Sie miteinander schlafen wollen, achten Sie darauf, daß die Unterhaltung vorher positiv ist. Die Tatsache, daß Ihr Kind eine schlechte Note mit nach Hause gebracht hat, kann bis morgen warten. Und schimpfen Sie auch nicht mit ihrem Partner, der vergessen hat, Brot oder Milch mitzubringen!

4. Damit Romantik entstehen kann, muß eine Beziehung frei von Groll, Ärger, Schmerz und Verletzungen sein. Gehen Sie nicht ins Bett, um sich „zu versöhnen". Nehmen Sie sich statt dessen Zeit, alles, was zwischen Ihnen steht, vorher zu bereinigen, sich auszusprechen und beim anderen, den Sie mit Ihren heftigen Worten verletzt haben, zu entschuldigen. Romantik bleibt dem anderen freundlich zugewandt.
5. Romantik nimmt sich Zeit. Ziehen Sie jeden Kuß zärtlich in die Länge, schon früh am Morgen und natürlich auch am Abend beim Wiedersehen. Achten Sie darauf, daß Abschiednehmen und Begrüßung nicht zu flüchtigen Berührungen werden. Wenn Sie sich statt einer halben fünf Sekunden Zeit nehmen, wird aus einem leichten Hauch eine kleine Knutscherei.

So wird Ihre Ehe gefestigt und vertieft

1. Was fühlen Sie, wenn Sie schon im voraus wissen, daß Sie am Abend miteinander schlafen werden? Sind Sie bereit, sich schon während des Tages mit zärtlichen Gedanken an Ihren Liebsten auf die Nacht vorzubereiten? Reden Sie mit Ihrem Partner über Ihre Gefühle.
2. Machen Sie die folgende Übung zunächst jeder für sich. Reden Sie dann mit Ihrem Partner über Ihre Antworten – und Ihre Vorschläge! Was würden Sie tun, um einen romantischen Abend vorzubereiten?
   - im Schlafzimmer Duftkerzen anzünden
   - geheime Signale ausstreuen, die dazu auffordern: „Schlaf heute abend mit mir!"
   - gemeinsam bei Kerzenlicht ein Schaumbad nehmen

– zusammen duschen und sich gegenseitig einschäumen
– im Wohnzimmer auf dem Teppich die Schlafsäcke ausbreiten (oder draußen unter dem Sternenhimmel, wenn Sie einen Garten haben)
– die Bettücher mit Parfüm besprühen oder das Bett frisch beziehen
– in einem romantischen Restaurant bei Kerzenschein essen
– zu Hause ein Dinner bei Kerzenlicht nur für Sie beide vorbereiten
– sonstiges...

Romantik ganz praktisch

„Dein Born sei gesegnet, und freue dich des Weibes deiner Jugend. Sie ist lieblich wie eine Gazelle und holdselig wie ein Reh. Laß dich von ihrer Anmut allezeit sättigen und ergötze dich allewege an ihrer Liebe."

(Sprüche 5,18-19)

Aufgabe der Woche:
Überlegen Sie, wie Sie ein Wochenende zu Hause nur für sich – ohne die Kinder – planen können. Machen Sie jeder acht Vorschläge, wie die Nacht besonders romantisch wird – und dann tun Sie es!

Geistliches Leben...

segnet und **sucht Gott**

Warum sollten wir Gott in unsere Ehe mit einbeziehen?

Zunächst einmal, weil wir einander dadurch selbst näherkommen. Eines der Naturgesetze lautet: „Je näher zwei Gegenstände einem dritten sind, desto näher sind sie auch sich selbst.“ Das ist genausogut ein geistliches Gesetz. Je näher wir Gott kommen, desto näher kommen wir einander. Wir werden also zweifach gesegnet.

Zweitens, weil wir damit ein erfüllteres Leben haben. Je näher wir Gott kommen, desto sinnvoller und befriedigender wird unser Leben sein. Und sind wir selbst zufrieden, haben wir nicht so viele Erwartungen an unseren Partner - und sind dadurch freier, ihn mehr zu lieben. Solange ein Partner in seiner geistlichen Beziehung nicht erfüllt ist, solange besteht er häufig darauf, daß der andere seine beiden Grundbedürfnisse nach Sicherheit und Anerkennung erfüllt, zwei Bedürfnisse, die letztlich aber nur Gott allein befriedigen kann.

Der Psychologe und Autor Larry Crabb beschreibt diese Bedürfnisse folgendermaßen:

„*Sicherheit:* das unerschütterliche Wissen darum, vorbehaltlos und vollkommen geliebt zu sein, ohne Bedingungen erfüllen zu müssen, um Liebe zu gewinnen; geliebt zu sein mit einer freiwilligen Liebe, die nicht verdient und daher nicht verloren werden kann.

Bedeutung: das Wissen um meine Berufung zu einer Aufgabe oder Arbeit, die echten Wert hat, das Zeitliche überdauert, in die Ewigkeit hineinreicht und deren Inhalt im Grunde genommen darin besteht, bleibenden Einfluß auf einen anderen Menschen auszuüben."[14]

Crabb nennt vier Möglichkeiten, um die Erfüllung dieser Bedürfnisse zu suchen. Wir können

1. unsere Bedürfnisse verleugnen;
2. unsere Befriedigung in Leistung suchen;
3. die Befriedigung unserer Bedürfnisse vom Partner fordern;
4. die Erfüllung unserer Bedürfnisse von Gott erwarten.

Die erste Möglichkeit ist unter Umständen auch die gefährlichste, denn „wer seine Bedürfnisse nach Sicherheit und Bedeutung unbeachtet und damit unbefriedigt läßt, muß mit dem „Sterben" unserer Persönlichkeit rechnen. Symptome sind unter anderem Gefühle der Sinnlosigkeit und Verzweiflung, nagende Ängste, der Verlust jeder Motivation und Energie, die Hinwendung zu Drogen, Sex oder Alkohol, um den Schmerz des Sterbens zu betäuben, und die Empfindung von Leere und Langeweile."[15]

Selbst die höchsten menschlichen Leistungen hinterlassen keine bleibende Befriedigung. Immer gibt es einen Menschen, der uns um eine Länge voraus ist. Und wie steht es mit unserem Partner? Jeder hat seine schwachen Punkte, keiner ist in der Lage, alle unsere Bedürfnisse zu erfüllen.

Allein Gottes Liebe ist vollkommen. Sie hört nie auf, egal, was wir sagen oder tun. Das ist Sicherheit! Und Gott allein kann uns zu einem Leben berufen, das bis in die Ewigkeit dauern wird. Gott lädt uns ein, zu seiner Familie zu gehören - mit ihm zusammenzuarbeiten, um sein Reich zu bauen. Das gibt wahre Bedeutung!

Blaise Pascal, der berühmte französische Philosoph und Physiker schrieb: „Es gibt im Herzen eines jeden Menschen ein Vakuum, das von keinem geschaffenen Ding ausgefüllt werden kann, sondern allein von Gott, dem Schöpfer, der sich in Jesus Christus offenbart." Wir sollen also allein bei Gott suchen, was unsere leere Seele füllen kann. Kein Partner ist ein genügender Ersatz.

So wird Ihre Ehe gefestigt und vertieft

1. Stimmen Sie der Aussage zu, daß Sicherheit und Bedeutung nur bei Gott gefunden werden können? Tauschen Sie sich über Ihre Antworten aus.
2. Wie bewußt sind Ihnen diese beiden Bedürfnisse? Nennen Sie ein Beispiel.
3. Crabb nennt vier Möglichkeiten, um mit unseren Grundbedürfnissen umzugehen. Welche dieser Möglichkeiten wählen Sie am häufigsten? Warum? Sind Sie mit Ihrer Wahl ganz zufrieden?
4. Glauben Sie, daß Gott Ihnen alles geben kann, was Sie brauchen? Unterhalten Sie sich über Ihre Antworten.

5. Inwieweit stellen Sie Forderungen oder Erwartungen an Ihren Partner, die er beim besten Willen nicht erfüllen kann? (Lassen Sie sich von Ihrem Partner helfen. Fragen Sie ihn auch: „Fühlst du dich wegen der Erwartungen und Anforderungen, die ich an dich stelle, unzulänglich oder möchtest du am liebsten davonrennen?")

Geistliches Leben ganz praktisch

„Mein Gott aber wird all eurem Mangel abhelfen nach seinem Reichtum in Herrlichkeit in Christus Jesus."

(Philipper 4,19)

Aufgabe der Woche:
Wenden Sie sich im Gebet an Gott. Bitten Sie ihn, sich Ihnen zu offenbaren.

STUFE DREI

Liebe...

redet, entdeckt und *handelt*

Eine Frau erklärte in der Eheberatung: „Ich empfinde nichts mehr für meinen Mann. Ich kann ihn nicht berühren, und ich will auch nicht, daß er mich berührt. Und nun verlangen Sie von mir, daß ich trotzdem auf ihn zugehe?“

„Genau“, erwiderte der Therapeut. „Wenn Sie es lernen, sich immer wieder positiv zu verhalten, kann dies positive Auswirkungen auf Ihre Gefühle haben. Aktivieren Sie Ihre Liebe durch Ihr Tun. Versuchen Sie, Liebe zu praktizieren.“[1]

Agape – Liebe, die gibt – ist die Liebe, von der eine Ehe lebt, wenn die erotischen Gefühle der ersten Zeit abgekühlt sind. Es ist eine Liebe, die dem Partner Gutes tun will und nicht die eigene Erfüllung sucht. Sie ist ein Willensentschluß, aktives Handeln. Wichtig ist, daß wir etwas geben, und nicht, daß wir etwas fühlen. Liebe ist der Diener unseres Willens, nicht der Sklave unserer Gefühle. Liebe ist ein Tun, zu dem wir uns freiwillig entschließen und das einem anderen zugute kommt.

Vier Punkte über die Agape-Liebe sollten wir nicht vergessen:

1. *Liebe kann man lernen.* Schon allein durch die Zusammenarbeit beim Schreiben dieses Buches und beim Lesen anderer Ehebücher ist in uns ein ganz neues und tiefes Verlangen nach einander gewachsen. Wir haben wieder ganz neu gelernt, in unserer Ehe aufeinander Rücksicht zu nehmen, von uns selbst wegzusehen und zu fragen: „Was kann ich für dich tun?“
2. *Liebe handelt für den anderen.* Die Liebe ruft an und fragt, wie es dem anderen geht. Sie sucht die schönste Rose aus, sie hilft bei der Hausarbeit und übernimmt Besorgungen. Kleine, unerwartete Hilfeleistungen ergeben einen großen Strauß der Liebe.
3. *Liebe muß geübt werden.* Liebe kann man nicht an sich reißen; sie muß geschenkt werden. Liebe kann man nicht einfordern; sie muß täglich angeboten werden. Liebe entsteht nicht automatisch; sie muß eingeübt werden. Liebe übt sich darin, daß man Komplimente macht, den anderen ermuntert, lobt, ihm den Rücken freihält. Sie opfert Zeit und Kraft und geht auf die kleinsten wie die allergrößten Bedürfnisse des anderen ein.

   Es ist die Aufgabe der Partner in jeder Ehe, dem anderen die Liebe wie ein Geschenk zu präsentieren, schön eingepackt und umwickelt mit Aufmerksamkeit, Freundlichkeit und Zärtlichkeit. Liebe ist das einzige Geschenk, das uns befähigt, nachdem wir es fortgegeben haben, immer mehr zu geben. Wir werden immer reich belohnt werden, wenn wir daran denken, etwas zu tun, was der andere vielleicht vergessen hat oder nicht tun konnte, weil er zu müde war: die Wäsche in die Reinigung bringen, Briefmarken kaufen, tanken, das Lieblingsessen kochen, die Küche aufräumen, auch wenn man eigentlich nicht an der Reihe ist, Einkäufe erledigen oder Telefonanrufe übernehmen, wenn der andere gerade zu viel zu tun hat usw.

4. *Gewohnheiten stärken die Liebe.* Indem wir jeden Tag ganz bewußt etwas für den anderen tun, bleibt das Feuer der Liebe in unseren Herzen am Brennen. Wenn wir überlegen, wie wir dem anderen eine Freude machen können, erfüllen wieder die Gefühle, die wir am Anfang füreinander empfanden, unser Herz. Wenn wir uns eine Überraschung ausdenken, freuen wir uns umso mehr darauf, den Partner am Ende des Tages wiederzusehen.

   Eine Frau schrieb an Ann Landers, die Eheberaterin, und beklagte sich über die mangelnde Zuwendung und Romantik ihres Mannes: „Als Johnny noch um mich warb, da schenkte er mir Rosen, schrieb mir Briefe, rief ständig an... Jetzt haben wir drei Kinder. Es gibt keine Briefe, keine Rosen und keine mittäglichen Anrufe mehr... Ich liebe meinen Mann noch genauso wie damals... Aber mir fehlt die Romantik... Jede Frau freut sich, wenn sie hin und wieder ein kleines Geschenk erhält (es muß ja nicht teuer sein) oder einen kleinen Zettel auf dem Kopfkissen findet."[2] *(Auch Männer freuen sich übrigens über kleine Aufmerksamkeiten.)*

   Damit wir mit unseren Überraschungen Erfolg haben, müssen wir unseren Partner betrachten, wie wir ein Kunstwerk studieren würden. Wir müssen herausfinden, was ihm gefällt und was nicht, welche Farbe, welches Lied, welche Fernsehsendung, welches Eis, welches Essen und welchen Nachtisch, welchen Sport oder welches Hobby er am liebsten mag. Falls Sie das von Ihrem Partner nicht wissen, sollten Sie sich daran machen, all diese Dinge herauszufinden, damit Sie ihn mit etwas überraschen können, woran er auch Freude hat.

So wird Ihre Ehe gefestigt und vertieft

1. Stimmen Sie zu, daß Liebe etwas ist, was man tun muß, was man lernen und einüben kann? Wenn ja, warum? Warum nicht?
2. Meinen Sie, die Frau vom Anfang des Kapitels, die ihren Mann nicht berühren wollte, sollte sich scheiden lassen, weil sie nichts für ihren Mann empfindet? Oder sollte sie versuchen, zu ihm zurückzufinden, indem sie sich bemüht, sich immer wieder so zu verhalten, daß die Liebesbedürfnisse ihres Mannes gedeckt werden? Warum?
3. Blättern Sie zurück zu Woche 11 und machen Sie sich noch einmal bewußt, welches Ihre primären Bedürfnisse – und die Ihres Partners – sind.

Liebe ganz praktisch

„Also hat Gott die Welt geliebt, daß er seinen eingeborenen Sohn gab, damit alle, die an ihn glauben, nicht verloren werden, sondern das ewige Leben haben."

(Johannes 3,16)

Wir erkennen Gottes Liebe an dem, was er für uns getan hat, nicht an seinen Gefühlen. Obwohl es ihm das Herz brach, daß er seinen Sohn auf diese Erde schicken mußte, damit er am Kreuz für uns starb, tat er das, was für uns das Beste war.

Aufgabe der Woche:
Halten Sie sich täglich vor Augen, was Ihr Partner braucht. Überlegen Sie sich drei Möglichkeiten (kleine Dinge), wie Sie Ihre Liebe zeigen können, und versuchen Sie, mindestens eines davon in den nächsten Tagen in die Tat umzusetzen.

Zweisamkeit...

sucht den Blickkontakt, nimmt sich Zeit und *pflegt gemeinsame Hobbys*

Eine von Ehemännern oft geäußerte Klage lautet: „Meine Frau interessiert sich nicht für das, was ich tue."

In einer Umfrage unter vierhundert geschiedenen Männern wurden von fast allen als Grund „für das Scheitern der Beziehung die fehlenden Gemeinsamkeiten genannt. Diese Männer hatten durchweg das Gefühl, ihre Ehe sei deshalb zerbrochen, weil ihre Frau und sie nicht mehr die besten Freunde waren."[3]

Autorin Carole Mayhall berichtet, erst als ihr Mann Jack ihr ein paar Golfschläger kaufte, sie zum Golfkurs anmeldete und ihr auch noch die richtigen Kleider kaufte, habe sie gemerkt, wieviel ihm daran lag, daß sie sein Hobby mit ihm teilte. „Durch das gemeinsame Golfspielen hat unsere Ehe viel gewonnen... Ich will nicht, daß Jack die schönsten Augenblicke seiner Freizeit in der Gesellschaft anderer Menschen verbringt, ob es nun Männer oder Frauen sind."[4]

In seinem Buch *Meine Wünsche – deine Wünsche* nennt Willard Harley die Ausübung gemeinsamer Hobbys als das zweitwichtigste Bedürfnis der Männer (nach dem Sex). Er ist so überzeugt von der Wichtigkeit gemeinsam verbrachter Freizeit, daß die Paare, die zu ihm in die Beratung kommen, alle der folgenden Regel folgen müssen: „Wenn eine Freizeitbeschäftigung des einen Partners den anderen ärgert oder ausschließt, sollte sie aufgegeben werden."

Seine Gründe? „Bei der Ausübung meines Lieblingshobbys erlebe ich in der Regel die angenehmsten Gefühle. Falls ich meine Frau daran teilhaben lassen kann, bringe ich diese Gefühle mit ihr in Verbindung, dadurch wächst meine Liebe zu ihr – und unsere Ehe wird gestärkt. Teile ich diese Gefühle mit jemand anderem als mit meiner Frau, bringe ich sie mit diesem anderen Menschen in Verbindung. Damit bringe ich mich selbst um die Gelegenheit, die Liebe zu meinem Partner zu festigen, und lege unter Umständen den Grundstein zur Auflösung unserer Ehe."[5]

(Viele Paare verbringen die angenehmsten Augenblicke in der Gesellschaft von anderen Menschen und laufen Gefahr, daß dieser andere ein Konto bei ihrer Liebesbank erhält. Da jeder Ihrer Bekannten ein Konto bei Ihrer Liebesbank unterhält, ist es nur natürlich, daß derjenige, mit dem Sie die angenehmsten Stunden verbringen, das größte Guthaben hat. Wenn Sie eine erfüllte Ehe führen möchten, sollte diese Person unbedingt Ihr Ehepartner sein.)

Im folgenden ein paar Momentaufnahmen von vier Paaren, die sich um gemeinsame Hobbys bemühen.

– Da ist die junge, sehr weibliche Frau, das Gesicht voller Straßenstaub, auf den dunkelbraunen Locken einen unförmigen schwarzen Helm. Sie hockt hinter ihrem Mann auf seiner 1340er Road-King-Harley und umklammert krampfhaft seine Taille. Man kann die nackte Angst in ihren Augen sehen. Sie betet! (Aber weil sie bereit ist, den Lieblingssport ihres Mannes mitzumachen, kommt er jeden Sonntag vor der Ausfahrt mit ihr in den Gottesdienst.)

– Da ist der durchtrainierte Tennisfreak. Lachend und händchenhaltend schlendert er mit seiner Frau über den Flohmarkt und sucht nach günstigen Tiffanyglaslampen. Früher hat er einmal daran gedacht, seine Frau zu verlassen, weil sie so langweilig war. Statt dessen hat er sich inzwischen zu einem Fachmann für Glaswaren entwickelt und freut sich, mit ihr auf Schnäppchenjagd zu gehen.
– Da ist die reizende, kecke Frau, die haltlos schluchzt, weil sie gleich beim ersten Mal, als sie mit ihrem Mann auf die Jagd ging, eine Rehkuh erschossen hat. Das war das Ende ihrer Jagdkarriere, aber seitdem hat sie Hunderte von Stunden damit verbracht, andere Sportarten zu üben, die ihrem Mann Spaß machen, einschließlich Angeln, Bergsteigen und Höhlenforschen.
– Oder da ist die Frau, die gern webt und sich im übrigen lieber hinter ihrem mitteilsamen, übermütigen Mann versteckt, der gerade allen zweihundert Ohren auf der Cocktailparty verkündet: „Ist das nicht toll? Mein handgewebter Blazer. Meine Frau hat den Stoff selbst gewebt!“ Dieser Mann steht zu seiner Frau, er lobt sie und ermutigt sie, sich an eine eigene Kleiderlinie zu wagen. Und wenn sie es tut, macht er überall für sie Werbung.

Gemeinsam ausgeübte Hobbys sprechen alle Gefühle an und können die unterschiedlichsten Formen annehmen. Doch immer gehören zwei Menschen dazu. Wichtig ist, daß wir etwas gemeinsam unternehmen, spontan und trotzdem regelmäßig, freiwillig und auch ein bißchen leichtsinnig.

So wird Ihre Ehe gefestigt und vertieft

1. Können Sie der Regel von Dr. Harley über die gemeinsamen Aktivitäten der Paare, die zu ihm in die Beratung kommen, zustimmen? Warum bzw. warum nicht?

2. Übt einer von Ihnen ein Hobby aus, das dem anderen nicht zusagt? Wenn ja, reden Sie in Liebe darüber und erklären Sie Ihrem Partner, warum Sie nicht mitmachen können.

3. Ist Ihr Partner auch Ihr bester Freund? Reden Sie miteinander über Ihre Antworten?

4. Haben Sie das Gefühl, daß in Ihrer Beziehung gemeinsame Aktivitäten fehlen? Nehmen Sie sich jeder drei Minuten Zeit und schreiben Sie mindestens fünfzehn verschiedene Aktivitäten auf, die Sie gemeinsam unternehmen könnten. Dann wählen Sie aus dieser Liste die fünf Aktivitäten aus, die Sie am liebsten mit Ihrem Partner tun würden.

5. Wenn Sie die Liste geschrieben und die Dinge ausgewählt haben, die Sie am liebsten tun würden, vergleichen Sie Ihre Listen. Gibt es Übereinstimmungen? Wenn ja, dann haben Sie bereits einen Anhaltspunkt, was Sie gemeinsam unternehmen können. Wenn nicht, schreiben Sie eine neue Liste – diesmal gemeinsam!

Spielen ganz praktisch

„Ein fröhlicher Mensch lebt gesund.“

(Sprüche 17,22 – Hoffnung für alle)

Aufgabe der Woche:
Wenn es die Zeit zuläßt, überlegen Sie, ob Sie nicht gleich jetzt etwas Gemeinsames unternehmen wollen, einfach Herumblödeln, eine Kissenschlacht, oder Sie blättern ein Album aus der Zeit durch, als Sie sich kennenlernten, oder spielen eine Partie Dame oder Schach oder Karten. *(Wenn es heute nicht klappt, dann vielleicht an einem anderen Tag in dieser Woche?)*

Anerkennung...

bewundert, sucht das Gute und ***läßt unrealistische Erwartungen los***

Viele Menschen gehen mit einer Handvoll Luftballons in die Ehe, und an jedem hängt ein Zettel, auf dem geschrieben steht, was sie erwarten.

Ein Mann erwartet vielleicht von seiner Frau, daß sie genauso kocht wie seine Mutter; daß sie am Abend pünktlich um sechs das warme Essen auf den Tisch bringt; daß sie ihn in einen schönen Duft gehüllt an der Haustür erwartet und sich schon darauf freut, mit ihm ins Bett zu gehen; daß sie mit ihm jubelt, wenn seine Fußballmannschaft gewinnt, daß sie seine alten Freunde mit offenen Armen empfängt usw.

Eine Frau erwartet vielleicht, daß ihr Mann so zärtlich ist wie in den ersten Tagen ihrer Liebe, daß er sich um ihr Auto kümmert, daß er ihr jede Woche Blumen bringt, ihr Essen lobt, ihr täglich Komplimente macht wegen ihres Aussehens usw.

Das Problem mit solchen Erwartungen ist, daß der andere sich nur selten so verhält, wie wir es uns vorstellen. Ohne daß wir es selbst merken, programmieren wir die Enttäuschung vor. Diese führt zu Frustrationen und Frustrationen zu Wut und Zorn. Wo solche Erwartungen im Raum stehen, kämpft der eine Partner mit seiner Wut, und der andere fühlt sich als Versager.

Ehepartner, die versuchen, sich mit ihren Erwartungen zu manipulieren, gehen von einem „Soll"-Denken aus. Mein Partner sollte sich mehr um mich kümmern; meine Träume sollten in unserer Ehe Wirklichkeit werden; meine sexuellen Bedürfnisse sollten befriedigt werden; ich sollte im Leben meines Partners an erster Stelle stehen usw.

Bevor Sie weiterlesen, fragen Sie sich selbst: „Wer bringt in unsere Ehe am meisten ein?"

Wenn Ihre Ehe intakt und gesund ist, meinen Sie beide, der andere trage mehr dazu bei als Sie selbst. Wenn Sie dagegen glauben, Sie selbst seien der- oder diejenige, der/die am meisten für die Ehe tue, überhäufen Sie Ihren Partner wahrscheinlich mit Erwartungen.

Erwartungen nehmen einer Ehe die Freude am Geben. Sie schaffen eine „Du schuldest mir"-Mentalität. Anstatt zu fragen, was wir selbst einbringen können, verlangen wir, daß der andere uns gibt, was wir unserer Meinung nach verdienen.

- „Ich habe meine Frau geheiratet, damit sie mich glücklich macht. Falls sie das nicht tut, suche ich mir eine andere, die es kann."
- „Bei allem, was ich für ihn tue, könnte er doch wenigstens den Fernseher abschalten und mit mir reden."
- „Ich habe ein Recht darauf, daß man mich hier respektiert und tut, was ich will."
- „Wenn ich etwas Besonderes für meinen Mann koche, könnte er doch wenigstens danke sagen."

– „Da ich so hart für meine Familie arbeite, ist es doch nicht zuviel verlangt, daß ich am Abend in Ruhe das Fußballspiel ansehen will.“

Solches Verhalten kann jede Ehe zerstören und führt auf direktem Weg zu Nörgelei und Unzufriedenheit. Der Partner, der vom anderen eine bestimmte Reaktion erwartet oder verlangt, wird immer enttäuscht werden; der andere, der den Erwartungen des Partners nicht genügt, fühlt sich jämmerlich und unterlegen, und manchmal erstirbt in ihm alle Freude am Leben.

Was tun wir mit unerfüllten Erwartungen?

Wir üben es, sie loszulassen. Jeden Tag bitten wir Gott, uns all die Erwartungen zu zeigen, an die wir uns so klammern. Wir versuchen nicht länger, unseren Partner zu zwingen, das Seil mit der daran gebundenen Erwartung in die Hand zu nehmen, sondern lassen den Ballon los und sehen zu, wie er zu Gott aufsteigt.

Liefern Sie all Ihre Erwartungen an Gott aus, er allein kann Sie verändern – und Ihren Partner.

So wird Ihre Ehe gefestigt und vertieft

1. Haben Sie unrealistische Erwartungen an Ihren Partner? (Lassen Sie Ihren Partner auch auf die Frage antworten: „Hast du das Gefühl, daß ich unrealistische Erwartungen an dich habe?“)

2. Wie versuchen Sie oder Ihr Partner, diese Erwartungen verständlich zu machen? Durch entsprechende Bemerkungen? Durch Blicke? Den Tonfall?

3. Haben Sie das Gefühl, daß Ihnen wegen dieser Erwartungen das Schenken keine Freude macht? Haben Sie etwas gegen Geburtstage, Jahrestage oder Weihnachten, weil man da Geschenke „erwartet"?

4. Was können Sie tun, um Ihre Erwartungen abzulegen oder dafür zu sorgen, daß Sie für Ihren Partner nicht zur Belastung werden?
   Tauschen Sie sich über Ihre Antworten aus.

5. Erwartungen loslassen bedeutet nicht, auch alle Träume und Wünsche aufzugeben. Wenn die Zeit reicht, vervollständigen Sie darum bitte den folgenden Satz. Geben Sie an, was Sie sich für Ihre Ehe am meisten wünschen. „Ich wünsche mir, daß unsere Ehe in einem Jahr ... ist." Unterhalten Sie sich über Ihre Antworten.

Anerkennung ganz praktisch

„Seid so unter euch gesinnt, wie es auch der Gemeinschaft in Christus entspricht: Er, der in göttlicher Gestalt war, hielt es nicht für einen Raub, Gott gleich zu sein, sondern entäußerte sich selbst und nahm Knechtsgestalt an, ward den Menschen gleich und der Erscheinung nach als Mensch erkannt."

(Philipper 2,5-7)

Aufgabe der Woche:
Sobald eine Erwartung, wie Ihr Partner sein sollte, in Ihnen aufsteigt, binden Sie in Gedanken einen Luftballon daran fest und lassen ihn zu Gott aufsteigen.

Treue...

sagt: „Ich will", bildet ein Team und gibt, *anstatt zu nehmen*

Wie gut gelingt es uns, einander etwas zu schenken? Halten wir es mit der Liebe wie mit der Zeiteinteilung? „Du kannst meine zwei Wochen auf Teneriffa haben, wenn du mir deine zwei Wochen Mallorca läßt?" Diese Halbe-Halbe-Haltung, wie sie oft von weltlichen Eheberatern empfohlen wird, reicht für Paare, die im biblischen Sinne eins werden wollen, nicht aus.

Manche gläubigen Berater sagen, wir sollten auf jeden Fall bereit sein, 100 Prozent zu geben. „Ich liebe dich von ganzem Herzen und werde dich immer lieben, und erwarte genauso viel zurück."

Die Agape jedoch – die selbstlose, biblische Liebe – verlangt von uns, daß wir 100 Prozent geben – ohne etwas zurückzuerwarten. Tim LaHaye schreibt: „Vor Gott sollte die Ehe eine 100prozentige Angelegenheit sein. Das heißt, wenn Sie eine Ehe eingehen, sollte Ihnen klar sein, daß Sie sich selbst schenken, um den anderen glücklich zu machen. Sie erwarten keine Gegenleistung. Es geht einzig darum, daß Sie Ihren Partner glücklich machen. Natürlich werden auch Sie glücklich sein, wenn Sie das tun."[6]

Im folgenden fünf Punkte, wie Sie sich hundertprozentig schenken können:

1. *Wir geben, ohne auf eine Rückerstattung zu hoffen.* Wenn ich dir für den Rest meines Lebens die Frühstücksbrote vorbereite, erwarte ich nicht, daß du dafür einmal im Monat das Mittagessen kochst. Wenn ich immer die Kleider in die Reinigung trage, dann verlange ich nicht, daß du sie zumindest wieder abholst.
2. *Wir investieren Gefühle, obwohl wir meinen, wir hätten keine Kraft mehr.* Wir haben immer noch Zeit für einen Kuß und zwei offene Ohren, die hören wollen, was der andere uns sagen will.
3. *Wir geben von unserer Zeit, obwohl wir am liebsten ganz für uns wären.*
4. *Wir schenken, wenn der andere nicht damit rechnet.* Lange Zeit habe ich mich gefragt, warum ich das ganze Jahr über gern Geschenke mache, aber ausgerechnet an Weihnachten nicht. Dann las ich ein Buch von Walter Wangerin jr. zum Thema des Schenkens, und plötzlich war mir klar, warum ich Weihnachten nicht mochte – weil damit ein ganzer Schlitten voller Erwartungen auf mich zukommt. Ich habe das Gefühl, alle verlangten von mir, Weihnachtsstimmung in die Wohnung zu zaubern, obwohl das Dekorieren und Schmücken nicht meine starke Seite ist; daß ich tonnenweise Geschenke kaufe, um allen möglichen Leuten einen Gefallen zu tun, obwohl ich nicht weiß, was sie mögen... und das Einkaufen nicht zu meinen Lieblingsbeschäftigungen gehört.

Wo Geschenke erwartet werden, macht das Schenken keinen Spaß – auch nicht in der Ehe. Walter Wangerin spricht mir völlig aus dem Herzen, wenn er schreibt, daß das selbstlose Schenken völlig unerwarteter Geschenke etwas ganz anderes ist. Es konzentriert sich auf den zu Beschenkenden und hat nicht so viel mit dem Anlaß zu tun oder damit, was wir im Gegenzug erhalten. „Eine einzelne Rose... völlig untypisch von einem Ehemann überreicht, der mit Blumen sonst nichts anzufangen weiß... kann das Herz seiner Frau zum Schmelzen bringen, weil sie ein Zeichen der Liebe ist. Das ist ein Geschenk. Er hat es für sie ausgesucht, nicht nach seinem eigenen Geschmack."[7]

5. *Wir schenken freiwillig.* Wangerin schreibt: „Durch das freiwillige Geben schenken wir uns selbst in dem, was wir für den anderen tun – wir wurden nicht darum gebeten, und es bestand keine Notwendigkeit. Das wirklich freiwillige Schenken gehorcht keinem Gesetz; es sucht keine Erwiderung; es zahlt keine Schuld; es will nicht gelobt werden und auch nicht die eigene Güte unter Beweis stellen – sein einziger Zweck ist, durch die Zeit und die Kraft, die man dafür aufwendet, zu zeigen: ‚Ich liebe dich'. Wir tun es ungebeten, unerwartet. Darauf kommt es an."[8]

So wird Ihre Ehe gefestigt und vertieft

1. Haben Sie das Gefühl, Sie würden mehr geben als Ihr Partner? Wenn ja, worin äußert sich das?
2. Haben Sie das Gefühl, Ihr Partner würde mehr geben als Sie? Wie? Tauschen Sie sich über die Antworten zu diesen beiden Fragen aus.

3. Was ist der Unterschied zwischen einem Geschenk, das erwartet wird, und dem freiwilligen Schenken?
4. Wo stehen Sie, wenn es um das 100prozentige Schenken geht? Wenn Sie auf die 100 Prozent zugehen wollen, wie müssen Ihre ersten Schritte aussehen?
5. Fällt es Ihnen schwerer, Zeit, Aufmerksamkeit oder Kraft in Ihre Ehe zu investieren? Warum?

Schenken ganz praktisch

„Umsonst habt ihr's empfangen,
umsonst gebt es auch."

(Matthäus 10,8)

„Geben ist seliger als nehmen."

(Apostelgeschichte 20,35)

Aufgabe der Woche:
Üben Sie das „freiwillige" Schenken an mindestens einem Punkt.

Gesprächsbereitschaft...

hört zu, stellt Fragen und *wählt Worte, die helfen*

Ein gesprächiger Partner gibt pro Tag ungefähr 100.000 Worte von sich. Wichtiger als die Menge jedoch ist der Inhalt der Worte, die wir miteinander wechseln.

Die Bibel erinnert uns daran, daß wir mit unseren Worten die Macht haben, dem anderen Leben zu bringen oder ihn zu töten. Die zwei entscheidenden Fragen für uns als gläubige Ehepartner lauten darum: Wie gut gelingt es uns, alles zu vermeiden, was ein Gespräch „abwürgt"? und: Wie gut gelingt es uns, einander Worte des Lebens zu sagen?

Gedankenlose, verletzende Worte können nicht mehr zurückgenommen werden, und auch mit Blumen oder Pralinen läßt sich der Schmerz im Herzen unseres Partners nicht ausradieren. Wir können die Erinnerung nicht mit einem hastigen „Entschuldige bitte" auslöschen. Verletzende Worte dringen tief in die Seele ein. Im Buch der Sprüche heißt es: „Wer unvorsichtig herausfährt mit Worten, sticht wie ein

Schwert; aber die Zunge der Weisen bringt Heilung" (Sprüche 12,18). Und in Sprüche 16,24 steht: „ Freundliche Reden sind Honigseim, trösten die Seele und erfrischen die Gebeine".

Viel zu selten machen wir uns darüber Gedanken, was für einen Einfluß wir allein durch die Worte, die wir aussprechen, auf das Leben des anderen haben. Anstehend möchten wir Sie auf acht Möglichkeiten aufmerksam machen, mit denen wir jedes Gespräch im Keim ersticken können:

- *Explodieren.* Wir brechen aus wie ein Vulkan, um ein Gespräch zu beenden, das uns unangenehm ist.
- *Bibelverse.* Wir können einen Bibelvers zitieren, um dem anderen zu beweisen, daß er im Unrecht ist: „Nun, wenn du mir nicht vergeben willst, kann Gott dir auch nicht vergeben."
- *Schweigen.* Wir verweigern jede weitere Antwort, sobald wir uns bloßgestellt fühlen.
- *Die amtliche Fassung.* Wir können ein sinnvolles Gespräch unterbinden, indem wir unserer Version dieselbe Autorität beimessen wie einer amtlichen Urkunde.
- *Tränen.* Vielleicht können wir es nicht verhindern, daß uns ein paar Tränen über die Wangen laufen, aber wir können darauf achten, daß wir nicht die ganze Unterhaltung fortspülen.
- *Urteilen.* Wir können den anderen als dumm, böse oder gedankenlos hinstellen, indem wir sagen: „Das ist das Dümmste, was ich je gehört habe."
- *Provozieren.* Mit Verallgemeinerungen wie: „Nie tun wir etwas, was mir Spaß macht", „Du interessierst dich mehr für Fußball als für mich", „Wenn du je ohne mich ausgehst, falle ich in Ohnmacht" können wir Vergeltung provozieren.
- *Kritik/Nörgelei.* Kritik und Nörgelei führen dem anderen nur immer wieder vor Augen, daß er es uns nicht recht machen kann.

Anstelle der acht genannten „Kommunikationskiller“ können wir statt dessen acht „Worte des Lebens“ wählen:

1. *Zeigen Sie, daß Sie den anderen wahrnehmen:* „Wie deine Augen heute strahlen!“ „In dem Pullover gefällst du mir ganz besonders.“
2. *Bewunderung.* „Das Essen war prima!“
3. *Anerkennung.* „Unser Garten sieht aus, als hätten wir einen Gärtner angestellt. Ich bin so froh, daß du gern draußen arbeitest.“
4. *Dank.* „Danke, daß du die Kinder für mich abholst. Im Büro ging es heute zu wie im Tollhaus.“
5. *Ermutigung.* „Seit du fünf Pfund abgenommen hast, siehst du wirklich gut aus. Weiter so.“
6. *Rücksicht auf die Gefühle des anderen.* „Du siehst heute abend besonders müde aus. Quält dich etwas?“
7. *Vergebungsbereitschaft.* „Du weißt doch, daß ich dir die Sache schon lange verziehen habe. Für mich ist das wirklich erledigt.“
8. *Komplimente vor anderen Leuten.* „Wußten Sie schon, daß mein Mann zum Verkäufer des Jahres ernannt worden ist?“ Ein Kompliment, das vor den Ohren anderer Zuhörer erteilt wird, wird doppelt geschätzt.

So wird Ihre Ehe gefestigt und vertieft

1. Welchen der „Kommunikationskiller“ benutzen Sie?

2. Stellen Sie Ihrem Partner die folgenden Fragen:
   - Welche Kommunikationskiller benutze ich deiner Meinung nach?
   - Welche soll ich am ehesten abstellen?
   - Welche zwei der „Worte des Lebens“ soll ich als erstes einüben?

Gesprächsbereitschaft ganz praktisch

„Tod und Leben stehen in der Zunge Gewalt.“

(Sprüche 18,21)

Aufgabe der Woche:
Versuchen Sie, sich täglich diesen Satz vorzusagen: „Tod und Leben stehen in der Zunge Gewalt“, damit Sie nicht vergessen, was für einen Einfluß Sie durch Ihre Worte auf das Leben Ihres Ehepartners haben.

Konfliktbewältigung...

trifft Entscheidungen,
lebt in der Gegenwart und
klagt nicht an

Konfliktbewältigung ist wie ein Spaziergang durch ein Feld voller Tretminen. Wie leicht können wir einen Unterhaltungskiller lostreten. Nötig ist das jedoch nicht, vorausgesetzt wir bewegen uns mit der gebührenden Umsicht. Wir können selbst etwas dafür tun, damit eine Unterhaltung nicht zur Explosion führt – indem wir „Du“-Botschaften, die dem anderen die Schuld zuschieben, durch „Ich“-Botschaften ersetzen, die Erklärungen bieten.

Ein Autor definiert eine „Du“-Aussage als „jede Botschaft, die unterstellt, daß ich selbst der Normale bin und recht habe, du aber bist unnormal und hast unrecht.“[9]

Sätze, die dem anderen Schuld zuweisen, machen aus der Konfliktzone ein Kriegsgebiet – einer überreicht dem anderen quasi die ausgedruckte Kriegserklärung:

– „Du kümmerst dich doch immer nur um dich.“

– „Immer vergißt du den Hund raus zu lassen.“

– „Deine Eltern sind dir wichtiger als ich."
– „Du hast schon wieder die Sachen im Trockner liegenlassen!"
– „Eher hörst du auf Peter Meyer als auf mich."
– „Du schaffst es nie, daß das Essen auf dem Tisch steht, wenn ich von der Arbeit nach Hause komme."

Eine bessere Möglichkeit, unsere Enttäuschung, unser Mißfallen oder unsere Unzufriedenheit zu äußern, besteht darin, von uns selbst zu reden, das Problem von unserer Seite aus zu betrachten oder unsere Gefühle mit einer „Ich"-Botschaft zum Ausdruck zu bringen.

Indem ich sage: „Ich ärgere mich, wenn wir die Müllabfuhr verpassen", stehe ich zu meinen Gefühlen, anstatt meinem Partner die Schuld an allem zu geben. Ich selbst bin dafür verantwortlich, wie ich auf bestimmte Dinge reagiere. Du bist nicht Ursache meiner Gefühle, und ich kann deine nicht verursachen. Deine Worte oder dein Handeln können ein Auslöser dafür sein, daß ich die negativen Gefühle, die sich schon lange in mir angestaut haben, äußere. Aber ob ich sie dann tatsächlich ausspreche oder nicht, dafür bin ich selbst verantwortlich.

Unsere Gefühle sind so einzigartig wie unsere DNA. Was dich zum Weinen bringt, bringt mich vielleicht zum Lachen. Es ist unfair, wenn der eine dem anderen seine Gefühle zum Vorwurf macht.

Eine Methode, für uns selbst zu sprechen, könnte so aussehen:

„Ich empfinde..., wenn du..., weil..."

Beispiel 1 (Falls Sie eine Explosion auslösen wollen): „Du hast schon wieder den Müll nicht rausgetragen. Es stinkt im ganzen Haus. Kannst du denn an nichts anderes denken als an dein Fußballtraining!"

Statt dessen könnte die Sprecherin es auch so probieren. Sie wählt ein Gefühl („Ich ärgere mich"), benennt den Grund („wenn du vergißt, den Müll rauszubringen") und erklärt das Gefühl („weil ich es nicht schaffe, wenn ich mich um zwei kleine Kinder kümmern muß").

Beispiel 2: „Du interessierst dich doch nicht die Bohne für mich und meine Gefühle. Du weißt, wie ich mich auf ein sauberes Zuhause freue, und du bist zu faul, dich zu bücken, um ein Spielzeug aufzuheben."

Statt dessen könnten Sie ein Gefühl zum Ausdruck bringen („Ich bin enttäuscht"), den Grund nennen („wenn ich nach Hause komme und im Wohnzimmer herrscht ein einziges Chaos. Überall liegen Kleider und Spielzeug herum, und das Essen steht noch nicht auf dem Tisch") und erklären, warum Sie sich so fühlen („Ich habe das Gefühl, ich sei dir gar nicht wichtig, obwohl ich weiß, daß das nicht stimmt.").

Sobald wir dem anderen die Schuld zuschieben, anstatt unsere Gefühle zu erklären, wird das Problem zur Tretmine im Minenfeld der ungelösten Konflikte. Egal wie vorsichtig wir versuchen, sie zu umgehen, bei der kleinsten Berührung geht sie in die Luft.

Damit wir Konflikte nicht auf der Ebene der Gefühle aushandeln, sondern echte Lösungen finden können, müssen wir bedenken:

- wir sind nicht für das Glück oder die Traurigkeit des anderen verantwortlich.
- wir müssen zu unseren Gefühlen stehen.
- wir müssen für uns selbst sprechen und „Ich"-Botschaften gebrauchen, die etwas erklären, anstatt „Du"-Sätze, die dem anderen die Schuld zuschieben.

So wird Ihre Ehe gefestigt und vertieft

Üben Sie es, für sich selbst zu sprechen.

- Denken Sie an ein positives Gefühl, das Sie in der Vergangenheit hatten.

- Erklären Sie, welches Verhalten Ihres Partners dieses Gefühl hervorgerufen hat.

- Erklären Sie, warum dieses Verhalten in Ihnen ein positives Gefühl auslöst.

Hier zwei Beispiele:

a) „Als du damals, als ich die Untersuchung beim Frauenarzt hatte, früher nach Hause gekommen bist, habe ich wirklich gespürt, daß du mich liebst. Du hast etwas getan, um mir zu zeigen: ‚Mir liegt an dir.' Du weißt gar nicht, wieviel mir das bedeutet."

b) „Wenn du mich am Morgen mit einem Kuß weckst und der Kaffee schon fertig ist, habe ich das Gefühl, kein Mann auf der ganzen Welt wird so geliebt wie ich. Ich weiß, wie gern du länger im Bett bleiben würdest. Aber daß du das für mich tust, finde ich einfach klasse!"

Nun erinnern Sie sich an ein positives Ereignis und setzen Sie die entsprechenden Worte in die Lücken ein: „Wenn du...., dann habe ich das Gefühl ______________________, weil ______________________" Das einzige, was besser ist als die Erinnerung an ein glückliches Ereignis, sind zwei! Suchen Sie weiter nach positiven Erinnerungen.

Konfliktlösung ganz praktisch

*„Eine Ehre ist es dem Mann, dem Streit fern zu bleiben;
aber die gerne streiten, sind allzumal Toren."*

(Sprüche 20,3)

Aufgabe der Woche:
Vergessen Sie nicht, die vorwurfsvollen „Du"-Sätze mit erklärenden „Ich"-Sätzen zu ersetzen. Damit verhindern Sie, daß aus kleinen Differenzen große Ehekonflikte werden.

Vergebungsbereitschaft...

kommt dem anderen entgegen,
faßt einen Entschluß und
zeigt Einsicht

„Kannst du mir vergeben?"

Es ist erstaunlich, welche Macht diese Worte beinhalten, um eine zerbrochene Beziehung wiederherzustellen. Dabei unterscheiden sie sich kraß von dem trivialen „Tut mir leid", das wir so schnell dahinmurmeln. Der Unterschied könnte größer nicht sein.

Kinder sagen genauso schnell „Tut mir leid", wie sie sagen: „Ich hab Hunger." Und nicht umsonst. Denn wer „Tut mir leid" sagt, der will von dem, dem er Unrecht getan hat, letztlich nur hören, daß es nicht so schlimm war.

Denken wir nur einmal daran, was wir auf die Worte „Tut mir leid" erwidern:

„Schon gut."

„Ach, macht doch nichts."

„War nur halb so schlimm."

„Mach dir nichts draus."

„Schon vergessen" *(auch wenn es nicht stimmt).*

Wenn wir den anderen verletzt haben, ist es ein ganz natürlicher Reflex, daß wir versuchen, das Problem auf unseren Partner abzuschieben. Er soll uns sagen, es sei doch alles nicht so schlimm. Aber liegt die Verantwortung wirklich bei ihm? Sollte nicht eher der Schuldige, derjenige, der die bösen Worte geschrien, der das Buch durchs Zimmer geschleudert oder die Liste mit den alten Fehlern wieder hervorgezerrt hat, damit aufhören und sich um Wiedergutmachung bemühen, statt Entlastung zu suchen?

Falls wir von dem, den wir beleidigt haben, erwarten, daß er uns tröstet und sagt, es sei doch alles nicht so schlimm gewesen, suchen wir Entlastung. Wir wollen, daß die Angelegenheit in Vergessenheit gerät, das Problem umgehen, nicht mehr davon reden, und es geht uns vor allem darum, unseren Namen reinzuwaschen. In solchen Fällen sagen wir schnell: „Tut mir leid."

Entlastung ist äußerlich. *Wiederherstellung* dagegen ist ein innerlicher Prozeß und hat mit dem Schaden zu tun, den wir durch unsere Gedankenlosigkeit oder Sünde einer Beziehung zugefügt haben. Wenn wir der Schuldige sind, müssen wir in Demut auf den anderen zugehen und sagen: „Ich hatte unrecht. Ich habe dich und unsere Beziehung verletzt. Kannst du mir das verzeihen? Ich kann nicht so weiterleben, wenn meine Beziehung zu dir nicht in Ordnung ist."

„Kannst du mir vergeben?" Die Frage zeigt, daß wir bereit sind, die Verantwortung dafür zu übernehmen und dafür zu sorgen, daß die Beziehung wiederhergestellt wird. Außerdem ist sie ein vollkommener Ersatz für das flüchtige: „Tut mir leid."

So wird Ihre Ehe gefestigt und vertieft

1. Kreuzen Sie in der entsprechenden Spalte (Frau oder Mann) an, was auf Sie zutrifft:

Frau	Mann	
______	______	Ich sage „Tut mir leid", anstatt um Vergebung zu bitten.
______	______	Ich bitte dich immer um Vergebung, wenn es nötig ist.
______	______	Ich habe das Gefühl, daß du mir immer vergibst, wenn ich dich darum bitte.
______	______	Du vergibst mir selbst dann, wenn ich dich nicht darum bitte.
______	______	Ich wünschte, du würdest mich öfter um Vergebung bitten.
______	______	Ich wünschte, wir würden Konflikte schneller bereinigen.
______	______	Ich wünschte, wir würden uns mehr um unsere Beziehung kümmern als darum, wer von uns recht hat und wer nicht.

2. Sind Sie der Meinung, Ihr Partner habe bei den ersten vier Aussagen die richtige angekreuzt? Wenn nicht, warum? Reden Sie miteinander über Ihre Antwort.

3. Welche der letzten drei Aussagen hat Ihr Partner angekreuzt? Stellen Sie ihm dazu die folgenden fünf Fragen:
   - Warum wünschst du dir das?
   - Meinst du das im Blick auf unsere Beziehung allgemein oder hast du einen bestimmten Vorfall im Auge?

– Wie sollten wir deiner Meinung nach mit dem Vergeben umgehen?
– Habe ich dich irgendwann verletzt, ohne daß ich es gemerkt habe oder näher darauf eingegangen bin?
– Hast du das Gefühl, ich sollte dich um Vergebung bitten?

Hinweis: Wir bewegen uns hier auf der Ebene der Gefühle. Es geht nicht darum, Probleme mit dem Verstand zu lösen. Sie haben vielleicht den Eindruck, Sie selbst würden schnell vergeben, während Ihr Partner genau das Gegenteil meint. Es geht im Moment nur darum, Verständnis zu wecken, nicht um Schuldzuweisungen. Daß ein Partner sich vernachlässigt fühlt, heißt nicht, daß er es auch tatsächlich ist. Es ist seine *Wahrnehmung,* die nicht unbedingt der Wahrheit entspricht. Dennoch ist es für Ihr gegenseitiges Verständnis – und eine bessere eheliche Beziehung – wichtig, daß Sie wissen, was der andere denkt und empfindet.

Beenden Sie Ihr Zusammensein damit, daß Sie einander berühren. Zeigen Sie Ihrem Partner, daß er für Sie wichtiger ist, als herauszufinden, wer nun wirklich schuld hat.

Vergebung ganz praktisch

„Du hast dich meiner Seele herzlich angenommen, daß sie nicht verdürbe; denn du wirfst alle meine Sünden hinter dich zurück.“

(Jesaja 38,17)

Aufgabe der Woche:

Leidet Ihre Beziehung, weil es Ihnen schwerfällt, einander wirklich um Vergebung zu bitten? Versuchen Sie, statt „Tut mir leid“ öfter zu sagen: „Kannst du mir vergeben?“

Emotionale Nähe...

öffnet sich, ist aufrichtig und *nimmt in die Arme*

Wenn wir von einem schmerzlichen Erlebnis erzählen oder unsere Gefühle offenlegen, brauchen wir zwei Arme, die uns halten, und keinen Mund, der uns gute Ratschläge gibt. Gute Ratschläge machen emotionale Nähe zunichte.

Einem Ehemann, der es gewohnt ist, alles gleich zu reparieren, fällt es schwer zu begreifen, daß er die Gefühle seiner Frau nicht so leicht reparieren kann wie einen tropfenden Wasserhahn. Keiner der Partner ist für die Gefühlskrisen des anderen verantwortlich und auch nicht für ihre Lösung. Beide tragen jedoch Verantwortung dafür, sich um Verständnis und Anteilnahme zu bemühen. Nicht mehr und nicht weniger. *(Lesen Sie dazu noch einmal, was wir in Woche 18 gesagt haben).*

Als wir in das große Zweifamilienhaus in Pennsylvania gezogen waren, lief ich (Bobbie) zwei Jahre lang herum und sagte: „Ich hasse dieses Haus!“ Myrons Standardantwort lautete: „Schatz, ich kaufe uns ein anderes.“ Er wollte meine Gefühle „reparieren“, damit er meine Worte über das Haus, das ihm gefiel, nicht mehr hören mußte. Was er mit seiner Antwort jedoch erreichte, war, daß ich noch gereizter wurde und meine Tiraden immer häufiger wiederholte. Es war schließlich eine gute Freundin, die sich von meinen negativen Worten nicht abstoßen ließ. Sie hörte mich an, und dann stellte sie mir eine Frage, anstatt mir einen Rat zu geben:

„Warum bist du in dem Haus so unglücklich?“

Ich war perplex. Das hatte mich noch keiner gefragt. Alle anderen hatten versucht, mich zum Schweigen zu bringen, weil sie sich unbehaglich fühlten und ihnen meine Worte unangenehm waren.

Weil diese Freundin mir zuhörte, begann ich nun zu überlegen, was hinter meinem Ärger steckte, was das eigentliche Problem war. Mir fehlte in dem Zweifamilienhaus die Privatsphäre. Ich fand es schwierig, Gäste zu empfangen ohne ein Gästezimmer, der Kohleofen machte alles schmutzig, und wir mußten alle Fragen, die das Haus betrafen, mit einem anderen Ehepaar besprechen. All das fand ich lästig, deprimierend und anstrengend.

Nach dem Gespräch mit meiner Freundin versuchte ich, mich mehr auf die einzelnen Dinge zu konzentrieren, an denen ich etwas ändern könnte, und bat Gott um Geduld für all das, was ich nicht ändern konnte. Außerdem reduzierte ich meine negativen Bemerkungen von vierundzwanzig auf zwei pro Jahr.

Hätte Myron begriffen, daß mein Nörgeln eher von meinen Gefühlen als von meinem Intellekt gesteuert war, hätte ich es vielleicht schon Monate früher einstellen können. Ich bettelte laut und auf die einzige Art, die ich kannte, darum, daß jemand meine Enttäuschung verstand und begriff, welche Probleme es mir bereitete, aus einem großen Haus mit genügend Platz in eine Haushälfte mit nur zwei Schlafzimmern und einem Bad zu ziehen.

Hätte meine kluge Freundin nicht so aufmerksam zugehört und gemerkt, daß ich um Verständnis bat und nicht um klugen Rat, hätte ich meine Litanei vielleicht fortgesetzt, bis wir zwölf Jahre später Pennsylvania wieder verließen und nach Richmond in Virginia zurückkehrten.

Was können wir aus dieser Geschichte über emotionale Nähe lernen?

1. *Ein zum Ausdruck gebrachtes negatives Gefühl ist ein Ruf nach Nähe.* Falls aus den Worten unseres Partners Haß, Sorge, Angst, Wut oder Depression sprechen, ist es Zeit, ihn eine Minute lang in die Arme zu nehmen, auch wenn wir lieber die Ohren verschließen oder davonrennen würden.
2. *Ein laut geäußertes negatives Gefühl sollte zunächst einmal so stehen gelassen werden.* Es reicht, wenn wir einfach den Mund aufmachen und „Ah ja", „Hmm" oder „Ohh" sagen und den anderen fest im Arm halten.
3. *Ein laut geäußertes negatives Gefühl muß entschärft, nicht korrigiert, kritisiert, verurteilt oder zurechtgerückt werden.* Schweigen Sie und verschlucken Sie jeden guten Ratschlag, und halten Sie den anderen statt dessen ganz fest im Arm.
4. *Wenn Ihr Partner ein negatives Gefühl äußert, fühlen Sie sich unter Umständen hilflos, unbehaglich oder enttäuscht.* Lassen Sie sich dadurch aber nicht dazu verleiten, gute Ratschläge zu erteilen.
5. *Wenn der andere ein negatives Gefühl äußert, ist das für uns Anlaß, uns Zeit zu nehmen, uns zu ihm zu setzen und zuzuhören.* Das braucht in der Regel mindestens fünf Minuten.

6. *Ein laut geäußertes negatives Gefühl ist eine Bitte um Verständnis.* „Es tut mir leid, daß du so empfindest", zeigt, daß wir verstehen wollen.
7. *Ein laut geäußertes negatives Gefühl führt dazu, daß wir verständnisvolle Fragen stellen.* Die Fragen helfen unserem Partner, zum Kern des eigentlichen Problems vorzudringen. Es geht also um zwei feste Arme, um Verständnis, um verständnisvolles Fragen, und nicht um klugen Rat.

So wird Ihre Ehe gefestigt und vertieft

Sprechen Sie mit Ihrem Partner über eine der größten Enttäuschungen in Ihrem Leben. Schildern Sie vor allem, was Sie damals empfunden, nicht wie Sie reagiert haben. (Am besten ist es, wenn Sie ein möglichst aktuelles Problem aufgreifen, weil Ihr Partner sich dann gleich darin üben kann, sich seine Ratschläge zu sparen!)

Emotionale Nähe ganz praktisch

„Eure Rede sei allezeit freundlich
und mit Salz gewürzt, daß ihr wißt, wie ihr
einem jeden antworten sollt."

(Kolosser 4,6)

Aufgabe der Woche:
Üben Sie die geschilderten Reaktionen jedesmal, wenn Ihr Partner ein negatives Gefühl äußert. Sie werden überrascht sein, wie sich das emotionale Klima in Ihrer Familie verändert!

Körperliche Nähe...

streichelt, wirbt um den anderen und ***genießt die sexuelle Erregung***

Am Tag, als ich dieses Kapitel schrieb, war Myron früh aus dem Haus gegangen, um Besorgungen zu machen. Ich begann das Hohelied zu lesen, den aufregenden biblischen Bericht über die eheliche Liebe. Als Myron rechtzeitig zurückkam, um eine bestimmte Fernsehsendung zu sehen, traf ihn die wilde Leidenschaft, mit der ich ihn um halb zwölf am Mittag zu Hause begrüßte, ziemlich unverhofft. An diesem Tag verpaßte er die Fernsehsendung.

Falls in Ihrer Ehe die körperliche Erregung fehlt, empfehlen wir Ihnen, gemeinsam (oder auch allein) das sinnlichste Buch der Bibel, das Hohelied zu lesen. Auch wenn Gelehrte uns in der Regel erklären, es gehe hier um Jesus (den Bräutigam) und die Gemeinde (seine Braut), wird Ihnen dieses Buch doch ganz neue Impulse für die körperliche, eheliche Liebe geben.

In einem Kommentar fand ich folgendes: „Von all den vielen Ehebüchern, die es sowohl in weltlichen wie in den christlichen Buchhandlungen gibt, hat doch keines Besseres zu bieten als das, was die Bibel im Hohenlied der Liebe sagt. Hier finden wir romantische Liebe für Ehepaare, die unsere wildesten Träume und Erwartungen übersteigt. Hier finden wir ein Handbuch zum Thema Sex, das alle weltlichen Ansichten darüber, wie ein Mann und eine Frau sich lieben sollten, weit hinter sich läßt. Hier finden wir den Standpunkt Gottes selbst."[10]

Wir vergessen manchmal, daß uns die Sexualität von Gott geschenkt wurde. Sie ist keine schmutzige Handlung, die Gott gerade noch duldet; sie ist etwas Schönes, das er geschaffen hat, und er will, daß Ehepaare sich daran erfreuen (1. Korinther 7,2-9).

Ein Hindernis für gläubige Frauen, zum Höhepunkt zu kommen, ist unter Umständen die Meinung, sexuelle Phantasien und Gedanken seien verkehrt, ja vielleicht sogar unanständig. *(Und das sind sie auch, wenn sie sich nicht auf den eigenen Mann beziehen.)*

Die meiste Zeit meines Ehelebens blockte ich alle sexuellen Gedanken sofort ab oder versuchte, sie durch die Arbeit zu verdrängen. Ich fühlte mich einfach nicht wohl, wenn ich solchen Gedanken nachhing. Inzwischen jedoch geht es mir vielmehr darum, Gott nicht dadurch zu beleidigen, daß ich seine gute Gabe der Geschlechtlichkeit ablehne. Ich mache allen Frauen Mut, auch tagsüber sinnliche Gedanken um ihren Mann kreisen zu lassen und sich darauf zu freuen, am Abend mit ihm eins zu werden.

Stellen Sie sich vor, wie schön es sein wird, seine Küsse auf Ihrer Haut zu spüren. Wenn Sie tagsüber zu Hause sind, dann lassen Sie sich ein warmes Bad einlaufen, geben Sie

Schaum dazu und entspannen Sie (oder tun Sie es gemeinsam, wenn Ihr Mann von der Arbeit kommt).

Eine sehr gute Möglichkeit, um sich auf das Zusammensein vorzubereiten, ist es auch, wenn Sie eine Woche lang jeden Abend ein Kapitel aus dem Hohenlied miteinander lesen. Größere Offenheit, Intimität und sexuelle Freiheit erwarten Sie. Lesen Sie solange im Hohenlied, bis Sie sich nach dem sinnlichen Erleben eines Salomo und einer Sulamith, wie Gott es für uns vorgesehen hat, sehnen.

So wird Ihre Ehe gefestigt und vertieft

Lesen Sie im Wechsel den folgenden Abschnitt:

„Wie schön ist dein Gang in den Schuhen, du Fürstentochter! Die Rundung deiner Hüfte ist wie ein Halsgeschmeide, das des Meisters Hand gemacht hat. Dein Schoß ist wie ein runder Becher, dem nimmer Getränk mangelt. Dein Leib ist wie ein Weizenhaufen, umsteckt mit Lilien. Deine beiden Brüste sind wie junge Zwillinge von Gazellen. Dein Hals ist wie ein Turm von Elfenbein. Deine Augen sind wie die Teiche von Heschbon am Tor Bar-Rabbim. Deine Nase ist wie der Turm auf dem Libanon, der nach Damaskus sieht. Dein Haupt auf dir ist wie der Karmel. Das Haar auf deinem Haupt ist wie Purpur; ein König liegt in deinen Locken gefangen. Wie schön und wie lieblich bist du, du Liebe voller Wonne! Dein Wuchs ist hoch wie ein Palmbaum, deine Brüste gleichen den Weintrauben. Ich sprach: Ich will auf den Palmbaum steigen und seine Zweige ergreifen. Laß deine Brüste sein wie Trauben am Weinstock und den Duft deines Atems wie Äpfel; laß deinen Mund sein wie guten Wein." (Hoheslied 7,2-10)

Der Schauplatz in Kapitel 7 des Hohenlieds ist „das Schlafzimmer“ von Salomo und Sulamith. Sie hat ihre Kleider abgelegt und tanzt vor ihrem Geliebten und Mann. Es ist ein ganz besonderer, romantischer, sinnlicher, intimer, privater aber nötiger Augenblick.

Salomo ist von ihren Bewegungen wie verzaubert. Sein Blick wandert von ihren Füßen langsam über ihren ganzen Körper bis zu ihrem Haar... *(In Vers 3 beschreibt er ihren Schoß als einen runden Becher, dem es nie an Wein fehlt.)*... Mit dem ‚runden Becher‘ ist eine halbrunde Glasschale gemeint, die wie ein Halbmond gestaltet war... Die Tatsache, daß sie gewürzten Wein enthält, macht sie zu einem Symbol sexueller Freude... und unterstützt die Auffassung, daß hier die Geschlechtsorgane beschrieben werden.

Eines sollte uns aus dieser sinnlichen Beschreibung auf jeden Fall klar sein: Im Rahmen der Ehe kann kein Bereich unseres Körpers als unattraktiv oder verboten bezeichnet werden. Die Bibel hat nichts gegen sexuelles Vergnügen und beschreibt die körperliche Nähe zwischen Mann und Frau ohne Vorbehalte und Tabuzonen... Salomo wandert weiter ihren Körper hinauf. Er beschreibt ihren Leib, die Hüften, ihren Schoß, den Bereich direkt über den weiblichen Geschlechtsorganen, und schildert ihn als schön, anmutig, zart und weich... Salomo hielt gern ihre Brüste... er wollte sie spüren, aber er tat es zärtlich und voll Liebe.“[11]

1. Reden Sie miteinander darüber, wie Sie auf die Sinnlichkeit im Hohenlied reagieren. Ist Ihnen dabei unbehaglich, sind Sie überrascht, schockiert, erregt?
2. Erlauben Sie es sich, als Vorbereitung auf den Geschlechtsverkehr sinnliche Gedanken über Ihren Partner zu haben?
3. Bewerten Sie auf einer Skala zwischen 1 und 10 (10 ist vollkommen), wie sehr Sie den Geschlechtsverkehr mit Ihrem

Partner genießen. Wenn Ihre Antwort sechs oder weniger lautet, dann sollten Sie vielleicht Bücher zu diesem Thema lesen (wie zum Beispiel *„Meine Liebe schenk' ich Dir“* von C. Penner). Dort finden Sie neue Ideen und hilfreiche Tips, wie Ihre Ehe wieder romantisch werden kann.

Körperliche Liebe ganz praktisch

„Lege mich wie ein Siegel auf dein Herz, wie ein Siegel auf deinen Arm. Denn Liebe ist stark wie der Tod und Leidenschaft unwiderstehlich wie das Totenreich. Ihre Glut ist feurig und eine Flamme des Herrn, so daß auch viele Wasser die Liebe nicht auslöschen und Ströme sie nicht ertränken können. Wenn einer alles Gut in seinem Hause um die Liebe geben wollte, so könnte das alles nicht genügen.“

(Hoheslied 8,6-7)

Aufgabe der Woche:
Machen Sie es sich an einem Abend in dieser Woche *(warum nicht heute?)* zusammen im Bett gemütlich und lesen Sie die hier zitierten Verse oder ein ganzes Kapitel aus dem Hohenlied. Verteilen Sie die Rollen. *(Überspringen Sie, was die Freunde sagen.)*

Geistliches Leben...

segnet, sucht Gott und *braucht ein Zuhause*

Die richtige Gemeinde zu finden ist etwa so, wie wenn wir auf dem Markt einen Maiskolben aussuchen. Wir müssen die Schote, die äußere Schicht entfernen, um zu prüfen, ob die Körner reif und frisch sind. Es hilft uns nicht, wenn der Bauer sagt, er habe den Kolben erst vor zwei Stunden geerntet. Wenn wir das Gefühl haben, er sei nicht frisch, nehmen wir ihn nicht. Genauso spielt es keine Rolle, was uns Familienglieder oder Freunde von ihrer Gemeinde vorschwärmen. Wir müssen uns selbst die Zeit nehmen, um herauszufinden, welche Gemeinde unseren geistlichen Hunger stillen kann.

Bei der Suche einer Gemeinde ist es wichtig, daß wir uns in Erinnerung rufen, daß wir unser Elternhaus am Tag unserer Heirat endgültig verlassen haben und nun zueinander gehören. Gott allein soll uns führen, und es geht darum, daß wir finden, was uns zusagt. Dennoch müssen wir verhandlungsfähig sein, wie wenn wir ein Haus kaufen wollen, einen Kinofilm aussuchen oder überlegen, wohin wir in die Ferien fahren wollen. Wir müssen flexibel sein und beide Seiten abwägen. *Allerdings sollten wir nie dabei vergessen, daß unser Glaube an Jesus Christus nicht zur Diskussion steht, nur die Art, wie er zum Ausdruck kommt, kann variieren.*

William L. Coleman schreibt dazu: „Viel zu viele Christen haben gelernt, daß Kompromisse etwas Schmutziges sind. Wir meinten, wir tun etwas, weil es richtig ist oder weil man es uns ‚auftrug'. Wenn das ganze Leben so gehandhabt werden könnte, bräuchten wir keine ‚Verhandlungen'. Doch im intimen Zusammenleben in der Ehe lernen kluge Paare entweder das Wort ‚Zugeständnis' oder in den meisten Fällen das Wort ‚Elend'."[12]

In unserer sündigen Welt hat jede Gemeinde ihre Mängel, weil sie von Sündern, so wie wir, besucht wird. Aber wir können uns darüber verständigen, daß wir eine Gemeinde suchen wollen, in der wir die Freude am gemeinsamen Gotteslob entdecken können.

So wird Ihre Ehe gefestigt und vertieft

Falls Sie bereits in einer Gemeinde zu Hause sind, versuchen Sie mit Hilfe der folgenden Übung herauszufinden, wie weit Ihre Bedürfnisse dort gestillt werden. Fühlen Sie sich in Ihrer Gemeinde rundum wohl, betrachten Sie die Übung als eine Methode, die Sie auf jedes Problem anwenden können, das eine Entscheidung erfordert.

1. Im folgenden werden vierzehn Faktoren genannt, die Ihre Entscheidung für oder gegen eine bestimmte Gemeinde

beeinflussen können. Lesen Sie die Liste durch und überlegen Sie, welche anderen Faktoren außerdem in Frage kommen könnten.

2. Die folgende Übung sollten Sie einzeln durchgehen. Bewerten Sie jeden Satz mit einer Zahl zwischen 1 und 10, wobei 10 bedeutet, daß Ihnen dieser Gedanke sehr wichtig, und 1, daß er für Sie kaum von Bedeutung ist.
   - Ich möchte eine Gemeinde, in der ein gesundes Gleichgewicht zwischen den geistlichen und sozialen Aktivitäten herrscht.
   - Ich möchte eine Gemeinde, in der mich auch die Musik näher zu Gott bringt.
   - Ich möchte eine Gemeinde, die sowohl am Ort als auch landesweit und international missionarisch aktiv ist.
   - Mir ist die Liturgie wichtig.
   - Die Gemeinde soll mich zum Wachstum anregen und mir für den Alltag ganz klare biblische Anweisungen geben.
   - Die Gemeinde muß zur richtigen Konfession gehören.
   - Die Gemeinde soll freundlich und einladend sein.
   - Ich suche eine Gemeinde, in der Jesus Christus als der Heiland und Erlöser gepredigt wird.
   - Der Gottesdienst sollte nicht so steif sein.
   - Ich suche eine Gemeinde, die besondere Angebote für Ehepaare hat, Seminare, Freizeiten usw.
   - In der Gemeinde soll viel gebetet werden.
   - Ich suche eine Gemeinde, in der die Bibel die Grundlage für Predigt und Lehre ist.
   - Ich möchte eine Gemeinde mit einer guten Kinder- und Jugendarbeit.
   - Ich suche eine Gemeinde, in der die Kinderbetreuung geregelt ist.

3. Vergleichen Sie nun, wieviel Punkte Sie jeder Aussage gegeben haben, und machen Sie einen Kreis um die sieben wichtigsten Sätze.

4. Jetzt gehen Sie folgendermaßen vor:

   a) Versehen Sie - jeder von Ihnen - die Aussagen mit einem Kreuz, die Sie für unabdingbar halten. Jede Aussage, die nur einer von Ihnen angekreuzt hat, bekommt 5 Punkte; Aussagen, die Sie beide angekreuzt haben, erhalten 10 Punkte.

   b) Markieren Sie jede der wichtigsten Aussagen, die Sie für diskutabel halten. Ziehen Sie fünf Punkte ab, wenn nur einer sie markiert hat, 10, wenn Sie es beide waren.

   c) Wiederholen Sie die Schritte a) und b) bei den sieben Aussagen, die Sie nicht umkringelt haben.

5. Nun wählen Sie die vier Aussagen mit der höchsten Punktezahl aus. Damit haben Sie die Kriterien, mit denen Sie die Gemeinden, die Sie besuchen, prüfen wollen.

6. Notieren Sie nun alle Gemeinden, in die Sie hineinschnuppern wollen.

7. Besuchen Sie mindestens zwei Anlässe jeder Gemeinde.

8. Versuchen Sie, jede Gemeinde nach dem zweiten Besuch zu beurteilen. Benutzen Sie die vier oben genannten Kriterien, und geben Sie unabhängig voneinander jeder Aussage eine entsprechende Punktezahl zwischen 1 und 10. Zählen Sie Ihre Punkte zusammen.

9. Nun addieren Sie die Punkte aus Ihren beiden Bewertungen. Sie haben jetzt die Totalpunktezahl, an der Sie die anderen Gemeinden, die Sie testen wollen, messen können.

10. Wenn Sie alle Gemeinden, die in Frage kommen, besucht haben, suchen Sie die beiden mit der höchsten Punktezahl heraus und besuchen Sie jede mindestens acht Wochen lang. Nach Ablauf dieser acht Wochen vergeben Sie noch einmal anhand Ihrer vier Kriterien die Punkte. Besuchen Sie nun die zweite Gemeinde, machen Sie den Test und vergleichen Sie die Punktezahl. Die Gemeinde mit den meisten Punkten hat gewonnen. Vielleicht wollen Sie nach vier Monaten noch einmal überprüfen, ob Ihre Entscheidung richtig war.

Geistliches Leben ganz praktisch

„Laßt uns nicht verlassen unsere Versammlungen, wie einige zu tun pflegen."

(Hebräer 10,25)

Aufgabe der Woche:
Suchen Sie Gottes Nähe, egal, ob Sie bereits zu einer Gemeinde gehören oder nicht.

STUFE VIER

Liebe...

redet, entdeckt, handelt und *macht Mut*

Was Ermutigung bedeutet, können wir von einem Professor an einem kleinen College in Neuengland lernen. Schon am Anfang seiner Laufbahn beschloß er, jedem mutlosen Schüler eine bessere Note zu geben, als er verdiente. Durch die Bank holten diese Schüler auf und erarbeiteten sich im nächsten Test die Note, die sie vorher nicht verdient hatten.[1]

Wäre es nicht wunderbar, würde unser Partner uns, wenn wir am Leben und an uns selbst verzweifeln wollen und mutlos sind, dadurch ermutigen, daß er uns eine bessere Note gibt, als wir verdienen? Würde er sagen: „Ich bin so froh, daß du mein Mann (oder meine Frau) bist. Ich könnte mir gar nicht vorstellen, mit einem anderen verheiratet zu sein“, würden wir den Kopf hochhalten und uns bemühen, diesen Worten gerecht zu werden.

Da Lob und Anerkennung in der Ehe eines meiner größten Bedürfnisse sind, bin ich froh, mit einem Top-Mutmacher verheiratet zu sein. Jeden Tag überschüttet Myron mich mit tröstenden, mutmachenden Worten wie: „Ich liebe dich", „Ich bewundere dich", „Keine kocht so gut wie du", „Du tust soviel für uns."

Die beste Methode, unserem Partner Mut zu machen, ist, daß wir es häufig tun. Gott selbst ruft uns dazu auf, uns täglich zu ermutigen (Hebräer 3,13). Warum?

Die Autorin Gayle Roper gibt uns eine Antwort. Sie erklärt den Unterschied zwischen Lob und Ermutigung. „Lob bringen wir vor allem Gott. Ihn müssen wir nicht ermutigen... Er ist vollkommen, so wie er ist, und wir loben und preisen ihn für alles, was er ist und für uns getan hat.

Wir hingegen haben nicht oft Lob verdient... wir brauchen viel häufiger Ermutigung, denn was wir in unserem Leben erfahren, das sind aufgeschlagene Knie, verstauchte Zehen und gebrochene Herzen."[2]

Wir müssen unseren Partner bewundern und anfeuern: „Du schaffst es! Du machst es prima! Weiter so!"

Was ist ein Mutmacher?

1. *Ein Mutmacher tröstet, stärkt und stellt sich auf die Seite des anderen.* „Du mußt dich furchtbar gefühlt haben, als das passierte. Es tut mir so leid, daß sie deinen Vorschlag abgelehnt haben." (Sagen Sie nie: „Wenn du dir etwas mehr Zeit genommen hättest, um den Plan auszuarbeiten, hätten sie ihn bestimmt angenommen." Wir versetzen dem anderen nicht noch einen Fußtritt, wenn er ohnehin schon geknickt ist.)
2. *Ein Mutmacher sucht nach Dingen, die er am anderen bewundern kann.* „Blau steht dir wirklich gut!" „Ich mag dein Lächeln

(deine Späße, deine Stimme, daß du mit den Kindern spielst, dein Kochen...)" (Sagen Sie nie: „In diesem Hemd sieht man erst richtig, was für einen dicken Hals du hast.")

3. *Ein Mutmacher hebt unsere Laune, weil er uns unaufgefordert bei unangenehmen Arbeiten hilft.* „Soll ich dir helfen, die Wäsche zusammenzulegen?" „Warum solltest du den Rasen allein mähen? Mach Platz, ich reche die Blätter zusammen." (Sagen Sie nie: „Ich glaube, ich habe mich verhört! Du willst mir helfen?")
4. *Ein Mutmacher überrascht.* Er lädt den anderen überraschend zum Essen ein, macht ein Geschenk, obwohl nicht Weihnachten ist, oder ruft an, um zu sagen: „Ich liebe dich".
5. *Ein Mutmacher zeigt Interesse an dem, was der andere tut.* Er vergißt nicht, für den anderen zu beten, anzurufen oder sich zu erkundigen: „Wie ist es dir beim Treffen mit Herrn Turner ergangen? Ich habe für dich gebetet." (Vermeiden Sie Sätze wie: „Ach ja, du hast mir gesagt, daß du heute zum Chef mußt, aber ich hatte es total vergessen".)
6. *Ein Mutmacher gibt seiner Bewunderung auch schriftlich Ausdruck.* Er schreibt einen Zettel, auf dem steht: „Ich habe einen tollen Liebhaber geheiratet!" „Ich wollte dir nur sagen, du bist mein liebster Koch." „Ich wünsche dem besten Ehemann der Welt einen schönen Tag."
7. *Ein Mutmacher hat Verständnis für die Gefühle des anderen.* „Schatz, du siehst heute müde aus. Überlaß mir den Abwasch und ruh dich ein bißchen aus." „Du siehst erschöpft aus. Hier, nimm die Zeitung und ruh' dich ein wenig aus, bevor es zu essen gibt."
8. *Ein Mutmacher ist nur für uns da.* Falls wir im Rampenlicht stehen müssen und unser Blick über die Zuschauerreihen gleitet, macht es uns Mut, unseren Partner zu entdecken, der uns anstrahlt. Oder wenn der andere anruft und sagt,

daß es ihm gerade nicht so gutgeht, können wir es vielleicht einrichten, daß wir überraschend zum Mittagessen kommen.

So wird Ihre Ehe gefestigt und vertieft

1. Wie viele der acht genannten „Ermutigungen" wenden Sie an? 6 – 8 ist sehr gut; 5 – 7 ist gut; bei 4 oder weniger müssen Sie noch etwas üben.
2. Stellen Sie einander abwechselnd die folgenden Fragen:
   - Bist du als Kind zu Hause, in der Schule, in der Gemeinde ermutigt worden?
   - Fällt es dir leicht, einen anderen zu ermutigen, oder mußt du dich dazu zwingen? Warum?
   - Hast du im allgemeinen das Gefühl, daß ich dir Mut mache?

     Achten Sie beim Antworten darauf, daß Sie in Liebe antworten, zwar ehrlich, aber nicht verletzend, sondern freundlich und verständnisvoll.
   - Wie könnte ich dir noch mehr Mut machen? Was würde dir besonders helfen?

Ermutigung ganz praktisch

„So werdet ihr einander ermutigen und trösten,
wie ihr es ja auch bisher getan habt."

(1. Thessalonicher 5,11 Hoffnung für alle)

Aufgabe der Woche:
Bemühen Sie sich darum, auf Ihren Partner einzugehen und ihm so Mut zu machen, wie es ihm besonders hilft.

Zweisamkeit...

sucht den Blickkontakt, nimmt sich Zeit, pflegt gemeinsame Hobbys und ***bleibt im Gespräch***

Erinnern Sie sich noch an die langen Gespräche, die Sie miteinander führten, als Sie sich kennenlernten? André Maurois sagt von einer guten Ehe, sie sei „eine lange Unterhaltung, die doch immer zu kurz ist". Leider gilt von vielen Ehen heute das Gegenteil.

Wenn wir zum Essen ausgehen und uns im Restaurant umsehen, dann stellen wir wahrscheinlich fest, daß die meisten Paare schweigend auf ihrem Teller herumstochern und nur ab und zu einmal hochblicken, um sich im Restaurant umzusehen. Diese Paare leiden an der traurigen Krankheit der Langeweile. Sie haben das Interesse aneinander verloren. Sie wissen nicht mehr, was sie einander sagen sollen.

Falls jemand Sie und Ihren Ehepartner im Restaurant beobachten würde, welcher Kategorie würde er Sie wohl zuordnen – den Gelangweilten oder den fröhlich Plaudernden, den Wortreichen oder den Schweigsamen, den Aufgedrehten oder den Ablöschern?

In seinem Buch *Love is A Decision* vergleicht Gary Smalley eine sinnvolle Unterhaltung mit dem lebenspendenden Wasser. Er erzählt von einem Farmer, der über ein Jahr lang auf Regen gewartet hatte, „und nun war es endlich soweit. Mit emporgewandtem Gesicht sah er zum Himmel auf, von dem der langersehnte Regen herabströmte und sich mit seinen Tränen vermischte... In der Ehe sind bedeutungsvolle Worte wie diese Regentropfen. Sie dringen in den anderen Menschen ein, sie erfrischen ihn und bringen ihm Leben. Ja, wir können sagen, daß jede Beziehung, ob es sich nun um eine Liebesbeziehung handelt oder ob sie uns aus anderen Gründen wichtig ist, den ständigen Zufluß sinnvoller Worte braucht, wenn sie nicht vertrocknen soll."[3]

Was können wir tun, um vom oberflächlichen Gespräch wieder zur interessierten Unterhaltung zurückzufinden, wenn unsere Ehe auszutrocknen droht?

Hier neun Vorschläge:

1. *Blicken Sie sich so lange an, bis einer zu lachen anfängt.* Wer miteinander lacht, entspannt, und es redet sich leichter.
2. *Wenn Sie essen gehen, dann lassen Sie sich nicht von dem ablenken, was um Sie herum vorgeht... stellen Sie beim Essen zu Hause Fernseher und Radio ab.* Wir lassen uns leider nur allzu leicht vom Fernsehen füttern, anstatt uns selbst zu unterhalten.
3. *Tragen Sie im Portemonnaie oder in der Brusttasche einen Zettel mit sich, auf dem Sie sich notieren, was Ihren Partner in dieser Woche bewegt.* Lesen Sie sich Ihre Liste immer wieder einmal durch, damit Sie Rückfragen stellen können. Weil unser Leben heute so hektisch ist, vergessen wir leicht, uns zu erkundigen, wie Tante Marie die Operation überstanden hat, was der Chef in der Sitzung sagte, ob der Gast-

vortrag des berühmten Redners interessant war, was der Arzt oder Zahnarzt meinte usw.

4. *Notieren Sie sich auf diesem Zettel ebenfalls einen Witz oder lustige Begebenheiten.* Erzählen Sie bei jedem Zusammensein auch etwas Spaßiges. Lachen Sie mit Ihrem Partner über die Dinge, über die Sie tagsüber mit anderen gelacht haben.
5. *Melden Sie sich gemeinsam zu einem Kurs an oder zur Mitarbeit in der Gemeinde.* Machen Sie sich im Gottesdienst oder während der Vorträge Notizen, über die Sie sich hinterher austauschen können.
6. *Stellen Sie sich Fragen, mit denen Sie sich gegenseitig aus der Reserve locken und das Gespräch in Gang bringen können.* Beispiel: Welchen Tag mit mir würdest du gern noch einmal erleben? Was würdest du am liebsten mit mir unternehmen, wenn du es dir aussuchen könntest? Wie verbringst du am liebsten die Zeit mit mir? Erzähl mir einmal, was dir als Kind, als Teenager, in der Schule am meisten Spaß gemacht hat. Was hat dir in der Schule am besten gefallen? Welche Sportart magst du am liebsten? Was ist dir aus deiner Kindheit als besonders schreckliches Ereignis in Erinnerung geblieben? Wer war dein bester Freund/deine beste Freundin, als du fünf, fünfzehn und zwanzig warst? Inwiefern waren sich diese Freunde ähnlich?
7. *Treten Sie gemeinsam einem Verein bei, um andere Menschen kennenzulernen.* Das erweitert Ihren Horizont und gibt Ihnen neuen Gesprächsstoff.
8. *Unterhalten Sie sich über die Zukunft.* Wissen Sie noch, was Sie alles geplant hatten, als Sie sich kennenlernten? Pläne für die Zukunft sorgen auch heute für ausreichend Unterhaltung. „Was wollen wir im nächsten Jahr machen?“ „Was soll im nächsten Jahr anders werden?“ „Welche Ziele können wir uns setzen?“

9. *Probieren Sie ein neues Restaurant aus, um nicht nur den Gaumen, sondern auch Ihre Gespräche anzuregen.* Wir blättern immer in unserer Zeitung und suchen nach neuen Adressen. Dabei haben wir von der kleinen „Kneipe“, in der es aber eine vorzügliche Küche gab, bis zum Landgasthof mit Hausmacherkost schon alles kennengelernt.

Falls einer von Ihnen sich damit brüstet, nur wenig Worte zu machen, dann hilft es Ihnen vielleicht, sich einmal über die folgende Geschichte Gedanken zu machen. „Nach monatelanger Therapie bei einem gläubigen Psychologen“, so berichtet die betreffende Person, „konnte ich schließlich zugeben, daß ein so zurückhaltender und zurückgezogener Mensch, wie ich es bin, vielleicht einfach nur egoistisch und sogar faul ist. Mein Therapeut zeigte mir, daß sich unterhalten Arbeit ist und Kontakte ermüden. Es ist anstrengend, aufmerksam zuzuhören und das Gehirn einzuschalten, um sich eine intelligente und passende Antwort einfallen zu lassen. In der Bibel finden wir jedoch keine Entschuldigung für ein isoliertes, einsames Leben.“[4]

Wäre es nicht wunderbar, wenn Gespräche für uns genauso kostbar würden wie der Regen für den Farmer im amerikanischen Dürregebiet?

So wird Ihre Ehe gefestigt und vertieft

Beantworten Sie – jeder – die folgenden Fragen. Hören Sie sich die Antwort Ihres Partners aufmerksam an und fragen Sie nach, wenn Sie mehr wissen wollen. Überlegen Sie dann gemeinsam, welche Ziele Sie sich setzen wollen.

1. Ist Ihnen auch schon einmal der Gedanke gekommen, daß eine Unterhaltung Arbeit ist? Was halten Sie von dem Bericht über den schweigsamen Partner? Hatten Sie schon jemals das Gefühl, es müßte zwischen Ihnen und Ihrem Partner eigentlich mehr zu reden geben? Wenn Sie keine Lust zum Reden haben, liegt es dann daran, daß Sie überarbeitet oder zu müde sind, haben Sie das Gefühl, Sie sollten ausgehorcht werden, oder sind Sie einfach egoistisch? Erklären Sie Ihre Antwort.
2. Welche Rolle spielt Ihre Angst vor möglicher Kritik, wenn Sie etwas nicht sagen?
3. Wie gehen Sie mit Problemen um, von denen Ihr Partner Ihnen erzählt? Kommen Sie später darauf zurück? Ihr Partner sollte in aller Liebe schildern, wie er Ihr Eingehen auf seine Probleme empfindet. Sehen Sie sich nun gemeinsam die neun Punkte an und überlegen Sie, was Sie in dieser oder der nächsten Woche ausprobieren könnten, um eine intensivere Gesprächskultur zu entwickeln.
4. Falls es die Zeit erlaubt, stellen Sie einander eine der unter Punkt 6 genannten Fragen oder irgendeine andere, die Sie interessiert.

Gespräche führen ganz praktisch

„Euch aber lasse der Herr wachsen und immer reicher werden in der Liebe untereinander."

(1.Thessalonicher 3,12)

Aufgabe der Woche:
Falls Sie ein egoistisches Verhalten an sich entdecken, bitten Sie den Herrn und Ihren Partner um Vergebung. Bemühen Sie sich jeden Tag darum, sich irgendeine interessante Neuigkeit, ein Ereignis oder einen Witz zu merken, über die Sie beim Essen reden können.

Anerkennung...

bewundert, sucht das Gute, läßt unrealistische Erwartungen los und ***hört auf zu kritisieren***

Bevor ich mit dem Schreiben dieses Kapitels begann, überfiel ich Myron mit einer Frage: „Wann habe ich dich das letzte Mal kritisiert?"

Ich wartete und trat ungeduldig von einem Fuß auf den anderen, in der Erwartung, nun etwas eher Unangenehmes zu hören.

Schließlich sah Myron auf und sagte: „Ich kann mich wirklich nicht daran erinnern, Schatz. Ich weiß nicht, wann du mich das letzte Mal kritisiert hast. Es muß schon ziemlich lange her sein. Vielleicht vor einem Jahr?"

Ich war freudig überrascht – und gleichzeitig schockiert. Schließlich hatte ich Myron in einundvierzig Ehejahren täglich das Leben schwer gemacht mit meiner Nörgelei. Doch vor etwa anderthalb Jahren, als ich mit der Vorbereitung für dieses Buch begann, stieß ich auf ein Zitat von Ed Wheat, das mich traf wie ein Blitz und für mich zum Auslöser wurde, endlich mit der Mäkelei an meinem Mann aufzuhören: „Wenn wir begreifen, was wir mit unserer Kritiksucht tatsächlich anrichten, dann erschrecken wir. Kritik kann der Liebe, Intimität und all den schönen Dingen, die wir uns in unserer Ehe wünschen, den Todesstoß versetzen...

Ich kann mich nicht daran erinnern, wann meine Frau und ich einander das letzte Mal kritisiert haben. Nachdem wir uns seit Jahren darum bemühen, einander weiterzuhelfen, sehen wir nicht einmal mehr, ob der andere irgendwelche Schwächen hat. Wir haben viel zu viel damit zu tun, uns jeden Tag über das gemeinsame Leben zu freuen."[5]

Eine Ehe, in der wir die Schwächen des anderen nicht einmal mehr sehen, scheint geradezu unvorstellbar. Aber wir sollen nicht dabei stehenbleiben, uns so etwas vorzustellen, wir sollen etwas dafür tun. Wheats Worte jagten mir einen heilsamen Schrecken ein und weckten den Wunsch, mich zu verändern. Warum sollte ich an einem Verhalten festhalten, mit dem ich unweigerlich unsere Liebe, die Nähe und all die schönen Dinge, die ich mir in meiner Ehe wünschte, kaputtmachte?

Dabei fällt mir die Geschichte eines Ehemannes ein, der zu uns in die Beratung kam. Leider nahm er unsere Mahnung im Blick auf seine Kritiksucht nicht an. Dieser gertenschlanke Mann hatte eine ziemlich plumpe Frau. Sie kamen zusammen zu uns. Jedesmal wenn die Frau ein Eis, ein Stück Kuchen oder Chips aß, sagte ihr Mann: „Sieh dich doch nur einmal an. Da sitzt du schon wieder und stopfst das Zeug in dich hinein. Du solltest dich schämen. Warum erzählst du mir solche Lügen und behauptest, du wolltest abnehmen?"

Als wir die Frau fragten, was seine Kritik bewirkte, erwiderte sie: „Wenn er mich beschimpft, greife ich nochmal zu – nur um ihn zu ärgern." Sie seufzte tief auf, sah dann über ihren dicken Bauch hinweg auf den Boden und begann zu weinen: „Ich wünschte mir, er würde mich einfach so nehmen, wie ich bin. Ich glaube, das würde mir mehr helfen als all das Meckern.“

Schimpfen, kritisieren und auf den Fehlern des anderen herumreiten bewirkt in den meisten Fällen das genaue Gegenteil. Der Mann ließ sich schließlich scheiden, und kurz darauf begann seine Frau eine Abmagerungskur.

Stellen wir uns nur einmal vor, wie perfekt wir alle wären, würde Kritik wirklich etwas nutzen!

Warum kritisieren wir einander? Die Wurzel der meisten Vorwürfe, die wir einander machen, ist ein übersteigertes Selbstbewußtsein. Wir meinen, wir wüßten am besten, was für den anderen gut ist, und bilden uns auch noch etwas darauf ein. Wenn er doch nur auf uns hören würde! Wenn wir den anderen herabsetzen können, dann fühlen wir uns überlegen. Wir sagen zu uns selbst: Was er da tut, das würde ich nicht wagen!

Irgendwie hat sich in uns allen die irrige Vorstellung festgesetzt, mit Kritik könnten wir den anderen ändern. Doch das gelingt uns nicht. Im Gegenteil! Durch unsere Kritik wird das Verhalten, das wir ändern wollen, meist noch verstärkt. Warum?

1. *Sobald wir einen anderen kritisieren, hat er das Gefühl, von uns im Stich gelassen zu werden, und sein Selbstbewußtsein nimmt ab.* Wer von seinem Partner angegriffen wird, neigt dazu, bei irgendwelchen Dingen Zuflucht zu suchen, die ihm helfen, sich wieder besser zu fühlen (Essen, Alkohol, außereheliche Kontakte).
2. *Kritik ruft neue Kritik hervor.* Wer ständig kritisiert wird, versucht sich zu wehren. Bald ist die gesamte Atmosphäre vergiftet.

3. *Kritik kann die Liebe unseres Partners allmählich aufzehren und bewirken, daß sein Groll uns gegenüber immer weiter wächst.*
4. *Kritik verstößt gegen das Gesetz der Bewunderung:* „Wir fühlen uns zu Menschen hingezogen, die uns bewundern, und abgestoßen von denen, die uns herabsetzen oder auf uns hinabsehen.“[6]
5. *Kritik treibt uns direkt dem Teufel in die Arme,* weil wir mit unseren Vorwürfen gegen den Menschen arbeiten, den wir doch eigentlich lieben.

„Um anderen zu helfen, ein schöner, liebenswerter Mensch zu werden, sollten wir sie loben und ermutigen. Aus einem Lob spricht die Wärme und Zärtlichkeit, die wir alle brauchen, damit wir uns zum Guten verändern“, schreibt John Drescher.[7]

So wird Ihre Ehe gefestigt und vertieft

Sie haben inzwischen viel über das Zuhören gelernt. Stellen Sie einander nun die folgenden Fragen. Versuchen Sie dabei, alles Gelernte anzuwenden. Hören Sie zu, um zu verstehen. Es geht nicht darum, ob Sie mit dem Gesagten einverstanden sind. Sie bitten Ihren Partner nicht um eine verstandesmäßige Aussage, sondern darum, seine Gefühle zu schildern. Fangen Sie heute damit an, die Kritik und Nörgelei an Ihrem Partner endgültig einzustellen!

1. Kannst du mir mit einer Zahl zwischen 1 und 10 (wobei 10 für völliges Angenommensein und 1 für wenig steht) sagen, wie sehr du dich von mir angenommen fühlst? Wie kommst du auf diese Zahl? Hast du schon immer so empfunden?

Hinweis: Vergessen Sie es nicht – zum Hören gehören ein geschlossener Mund und zwei offene Ohren.

2. Wann habe ich dich das letzte Mal kritisiert? Was hast du dabei gedacht?
3. Wo kritisiere ich dich zu viel? Wo soll ich aufhören?
4. Danken Sie Ihrem Partner für seine Offenheit *(ein Kuß wird auch nicht schaden!).*

Anerkennung ganz praktisch

„Mit welchem Recht verurteilst du einen anderen? Und warum verachtest du deinen Bruder (Partner), nur weil er sich anders verhält? Vergiß nicht, daß wir alle einmal vor Gott stehen werden und er über uns urteilt… Deshalb wollen wir uns nicht länger gegenseitig verurteilen."

(Römer 14,10-13 Hoffnung für alle)

Aufgabe der Woche:

Nehmen Sie sich vor, Ihren Partner ab heute nicht mehr zu kritisieren. Bitten Sie ihn, Sie freundlich und mit einem Lächeln daran zu erinnern, falls Sie Ihren Vorsatz vergessen und doch wieder anfangen zu nörgeln.

Treue…

sagt: „Ich will“, bildet ein Team,
gibt, anstatt zu nehmen
und ***übt gedankliche Disziplin***

Als ich (Bobbie) Anfang dreißig und Jesus noch nicht Herr meines Lebens war, hatte ich die lästige Gewohnheit, mir bei jedem gutaussehenden Mann, der mir auf der Straße begegnete, vorzustellen, wie er wohl im Bett wäre. Und selbst nachdem ich zum Glauben gekommen war, ließ mich diese Angewohnheit nicht los, vor allem dann, wenn ich beten wollte. Ich rief zu Gott: „Was soll ich tun? Je mehr ich versuche, bestimmte Gedanken abzuwehren, desto intensiver werden die Bilder.“

Die Bibel, christliche Bücher und Gespräche mit guten Freunden halfen mir, und allmählich konnte ich meine Gedanken rein halten. Unser Geist ist voller Widersprüche. In einem Augenblick geben wir uns Tagträumen an eine aufregende Affäre hin, und im nächsten planen wir ein romantisches Abenteuer mit unserem eigenen Partner. Unsere

Gedanken brauchen darum einen sicheren Rahmen, in dem sie sich bewegen können, ein vorgegebenes Gerüst, das uns die Orientierung erleichtert.

Jesus wußte, daß die Sünde in unseren Gedanken beginnt, und mahnte: „Ihr habt gehört, daß gesagt ist: 'Du sollst nicht ehebrechen.' Ich aber sage euch: Wer eine Frau ansieht, sie zu begehren, der hat schon mit ihr die Ehe gebrochen in seinem Herzen" (Matthäus 5,27-28).

Die Treue ermahnt das Herz und den Verstand, sich nicht in Gedanken auszumalen, wie das Leben mit einem anderen Partner aussehen könnte. Scheidung, Trennung, Selbstmitleid und Groll gegen den Partner beginnen im Kopf und enden schließlich in einem Scherbenhaufen vor Gericht.

Der Grund für den Gedanken an eine Scheidung wird dann gelegt, wenn wir anfangen, den Lügen, die wir uns selbst insgeheim einflüstern, Glauben zu schenken. *„Ich habe doch eigentlich etwas Besseres verdient"* oder *„Das lasse ich mir nicht einen Tag länger gefallen. Was in meiner Macht steht, habe ich getan, damit diese Ehe funktioniert."* Unsere Selbstgespräche haben einen ganz entscheidenden Einfluß darauf, wie wir im wirklichen Leben reagieren und was wir empfinden.

Die Bibel weiß einen ganz konkreten Rat für alle, die mit ihren Gedanken gern durch ein hochexplosives Minenfeld spazieren: „Weiter, liebe Brüder (Partner): Was wahrhaftig ist, was ehrbar, was gerecht, was rein, was liebenswert, was einen guten Ruf hat, sei es eine Tugend, sei es ein Lob – darauf seid bedacht!" (Philipper 4,8).

Was können wir tun, um unsere Gedanken rein zu halten?

– *Achten Sie darauf, daß Sie mit Ihren Gedanken nicht immer um sich selbst kreisen: Ich muß immer wieder daran denken.* Ich komme davon nicht los. Ich bin ein schlechter Mensch. Wie konnte ich nur schon wieder daran denken? Verlassen wir uns auf unsere eigene, kleine Kraft, dann denken wir vielleicht bis ans Ende unseres Lebens an die Scheidung oder den Traumliebhaber.
– *Blicken Sie von sich selbst weg auf Jesus. Herr! Hilf mir! Gewinne du für mich den Sieg!* Schreien Sie hundert oder auch tausend Mal am Tag zum Herrn, wenn es sein muß. Unsere Schwäche sollte uns zu Gott treiben.
– N*ennen Sie sündhaftes Denken beim Namen. Beten Sie: Vater, ich begehe eine Sünde, ich begehre einen anderen Mann (eine andere Frau). Vergib mir meine Sünde.*
– *Halten Sie sich an das „vorgegebene Gerüst".* Sobald ein sündiger Gedanke Ihnen den inneren Frieden raubt, nehmen Sie das zum Anlaß, laut oder leise zu sagen: „Vater, ich möchte nun an dich denken und über ... (das Vaterunser, den 23. Psalm, ein Gedicht, einen Bibelvers usw.) nachdenken." Oder nehmen Sie sich schon im voraus vor, für einen Menschen im Büro, in der Gemeinde oder aus Ihrer Familie zu beten.

Myron empfiehlt eine andere Methode, die er „pro-aktives Denken" nennt. Steht er in Versuchung, bei einer Frau nur die sexuellen Reize zu sehen, beginnt er, sich in einem Selbstgespräch die wahren Werte eines jeden Menschen ins Gedächtnis zu rufen: „Was für eine schöne Person. Gott hat sie geschaffen. Darum sollte ich sie achten."

Ein vorgegebenes „Gerüst" hilft uns, weil wir nicht gleichzeitig an zwei Dinge denken können. Disziplin an diesem Punkt ist von unschätzbarem Wert und ist ein Schutz gegen alle Gedanken an Untreue, die im Lauf der Ehe in uns aufsteigen mögen.

So wird Ihre Ehe gefestigt und gestärkt

1. Reden Sie miteinander darüber, welcher der vier genannten Schritte Ihnen am schwierigsten erscheint. Erklären Sie, warum.
2. Wenn wir unserem Partner gegenüber zugeben, daß wir unreine Gedanken hatten, erledigt sich das Problem oft von selbst. Dietrich Bonhoeffer hat es treffend zum Ausdruck gebracht: „Sünde will unerkannt bleiben. Sie scheut das Licht. Im Dunkel des Unausgesprochenen vergiftet sie das ganze Wesen des Menschen.“[8]
   Was hält Sie davon ab, Ihrem Partner den häßlichen Gedanken zu bekennen, von dem Sie gern frei werden möchten? Haben Sie Angst, albern zu klingen, sich lächerlich zu machen, ausgelacht zu werden, daß andere davon erfahren, daß es gegen Sie benutzt wird...?
3. Welche dieser Ängste sind unbegründet?
4. Nehmen Sie ein Stück Intimität (einen Gedanken, von dem Ihr Partner nie erfahren würde, wenn Sie nichts sagen), und lassen Sie Ihren Partner daran Anteil haben.

Hinweis: Falls Sie sich in der Rolle des „Zuhörers“ befinden, dann bringen Sie dem „Redenden“ gegenüber Ihre Dankbarkeit zum Ausdruck für seine Offenheit und das damit gezeigte Vertrauen. Sie müssen allerdings auch beweisen, daß Sie dieses Vertrauens würdig sind, und dürfen diese Angelegenheit nie gegen Ihren Partner benutzen oder mit anderen darüber reden. Damit schaffen Sie die Basis für ein noch größeres Vertrauen.

Gedankliche Disziplin ganz praktisch

„Laß dir wohlgefallen die Rede meines Mundes
und das Gespräch meines Herzens vor dir, Herr,
mein Fels und mein Erlöser."
(Psalm 19,15)

Aufgabe der Woche:
Beenden Sie diesen Satz für Ihren Partner: „Ich dachte gerade..."

Gesprächsbereitschaft…

hört zu, stellt Fragen,
wählt Worte, die helfen und
ist für den anderen da

Der Stürmer der Houston Oilers, David Williams, zeigte ganz Amerika, was es heißt, einem anderen von seiner Zeit zu schenken. Am 17. Oktober 1993 fehlte er bei einem wichtigen Spiel seiner Mannschaft, weil er bei der Geburt seines Sohnes an der Seite seiner Frau sein wollte. Er mußte eine Geldbuße zahlen.

Später sah man ihn in einer Fernsehshow, Händchen haltend mit seiner Frau. Er liebkoste sie mit seinen Blicken, lächelte ihr zärtlich zu und sagte, er würde genauso handeln, selbst wenn er eine Million Dollar zahlen müßte. „Sie brauchte mich, und ich wollte bei ihr sein." Außerdem sagte er, er habe zwar einen Vertrag mit den Oilers, aber mit seiner Frau habe er „einen lebenslangen Bund geschlossen".

Williams Beispiel spricht eine ganz deutliche Sprache: Wir sind bereit, alles für einen Menschen zu geben, an dem uns etwas liegt und der uns braucht, auch wenn es uns Nachteile beschert oder wir eigentlich gerade keine Zeit haben.

Wer dem anderen von seiner Zeit schenkt, sagt: „Ich bin für dich da. Komm, laß uns reden."

Die Zeit behandelt alle Menschen gleich. Allen stehen vierundzwanzig Stunden am Tag zur Verfügung, die wir freigebig mit anderen teilen, nur zögernd herausrücken oder wie ein Geizkragen ganz für uns behalten können.

Was passiert mit der Liebe, falls einer um einen Augenblick Gehör bittet und der andere die Bitte ignoriert, das Gespräch verweigert oder verspricht, sich später Zeit zu nehmen, und es dann vergißt? Vielleicht quälen den einen dann Schuldgefühle, und er kann sich nicht wie geplant auf die Zeitung konzentrieren, während der andere sich abgewiesen oder nicht ernst genommen vorkommt und traurig ist. Statt zweier Liebender haben wir zwei Verlierer.

Weil wir der wichtigste Mensch im Leben des anderen sind, haben wir Anspruch auf seine kostbare Zeit und nicht nur auf die paar Minuten, die er meint, gerade noch erübrigen zu können. Das kann bedeuten, daß wir das Essen warmstellen, statt es auf den Tisch zu bringen; daß wir den Fernseher ausschalten, obwohl gerade die Tagesschau kommt; daß wir die Zeitung zusammenfalten, obwohl wir gerade einen interessanten Artikel lesen wollten, und dem anderen zuhören.

Natürlich sollten wir auch bereit sein zu warten, bis es dem anderen paßt. Vielleicht muß der eine, wenn er etwas mitzuteilen hat, es lernen, mehr Rücksicht auf den anderen zu nehmen, während der andere darauf achten muß, nicht immer nur eifersüchtig über seiner Zeit zu wachen. Wünschenswert wäre es, daß jeder den anderen so ernst nimmt, daß jeder sich gern unterbrechen läßt, wenn der andere ein offenes Ohr und unsere Anteilnahme braucht.

Wie könnten wir besser zeigen, daß uns am anderen etwas liegt, als dadurch, daß wir ihm von unserer Zeit schenken – gerade dann, wenn er eigentlich ungelegen kommt?

So wird Ihre Ehe gefestigt und vertieft

1. Unterhalten Sie sich darüber, was Sie über die Eingangsgeschichte denken. Fühlen Sie sich dabei unbehaglich? Werden Sie ärgerlich? Oder tut es Ihnen gut, so etwas zu hören? Warum?
2. Wie reagieren Sie normalerweise, wenn Ihr Partner Sie bittet, ihm zuzuhören? Großzügig wie eine Mutter Teresa, unberechenbar wie eine Katze oder zurückhaltend wie ein alter Geizkragen? Warum?
3. Wenn Ihr Partner sagt, daß er mit Ihnen reden möchte, würden Sie sich dann am liebsten verstecken oder davonrennen, weil Sie denken: Wer weiß, was jetzt wieder kommt? oder freuen Sie sich auf das Gespräch?
4. Wie haben Sie Frage 3 beantwortet? Hat einer von Ihnen das Gefühl, er würde am liebsten davonlaufen, sobald ein Gespräch ansteht, sollten Sie Ihren Wortschatz vielleicht um eine weitere Formel erweitern. Falls Sie mit dem Satz „Ich möchte gern mit dir reden“ signalisieren, daß irgendwo ein Problem liegt, das gelöst werden sollte, müssen Sie sich für die Fälle, wo es Ihnen nur darum geht, angehört und verstanden zu werden, eine andere Einleitung suchen.
5. Wählen Sie aus den folgenden Listen jeweils einen Satz aus oder überlegen Sie sich selbst, was Sie sagen könnten. Wie wollen Sie beginnen, wenn Sie das nächste Mal mit Ihrem Partner reden möchten?

Bitte um Zeit für Problemlösungen:
Ich muß mal mit dir reden.
Ich hab da ein Problem. Hast du mal Zeit für mich?
Wir haben ein Problem. Können wir mal darüber reden?
(Ihr Vorschlag)

Bitte um Verständnis:
Ich brauche ein Herz mit zwei Ohren.
Hast du einmal Zeit, mich anzuhören?
Ich möchte gern deine Meinung hören.
Halt mich ganz fest. Ich möchte dir etwas sagen.
(Anderes)

Anteilnahme ganz praktisch

„Endlich aber seid allesamt gleichgesinnt, mitleidig, brüderlich, barmherzig, demütig.“

(1.Petrus 3,8)

Aufgabe der Woche:
Üben Sie das selbstlose Zuhören. Nehmen Sie sich jeden Tag zehn Minuten Zeit, in denen Sie alles andere beiseite legen, um Ihrem Partner aufmerksam zu-zuhören. Er wird Ihnen ewig dankbar sein.

Konfliktbewältigung...

trifft Entscheidungen, lebt in der Gegenwart, klagt nicht an und ***zieht sich nicht zurück***

Eine Umfrage unter fünfzigtausend Frauen zeigte kürzlich, daß 52 Prozent aller Frauen und 39 Prozent der Männer sich in eine stille Ecke zurückziehen, sobald in der Ehe „die Fetzen fliegen".[9]

Weil dieser Fluchtmechanismus nur allzu gebräuchlich ist, müssen wir als Ehepaar fünf Entscheidungen treffen, bevor die heftigen Stürme an unserer Ehe rütteln.

1. *Ich will meinen Partner in Konflikten nie im Stich lassen, im Zorn davonrennen oder vor ihm fliehen, es sei denn im gegenseitigen Einverständnis.* Wenn es uns wichtig ist, uns selbst und unseren Partner immer besser zu verstehen, dann gehört letztlich auch das Versprechen dazu, zusammenzubleiben, Konflikte gemeinsam zu lösen und daraus etwas zu lernen. Als einzige Ausnahme gilt, wenn der Streit ausartet und wir erkennen, daß es besser ist, etwas Abstand zu gewinnen und etwa noch einmal darauf zurückzukommen. Manchmal ist es hilfreich, erst einmal abzukühlen.

2. *Ich will bereit sein, über alles zu reden, was meinen Partner interessiert.* Es gibt keine heiklen Themen - heikel sind höchstens wir selbst! Manchmal hat einer der Partner das Gefühl, er sei der Überlegene, weil er sich weigert, im Streit noch ein weiteres Wort zu verlieren. Vielleicht brüstet er sich sogar damit, in der Familie der Friedliebende zu sein, dabei trägt er mit seinem Verhalten nur zum Ehekrieg bei. Wer sich zurückzieht, macht eine sinnvolle Unterhaltung unmöglich. Weil wir das Gespräch verweigern, bleiben die Probleme ungelöst. Diese Situation trägt nur dazu bei, daß die Spannung aufrechterhalten wird. Der Friede fehlt.
3. *Ich will keine Schuld zuweisen, obwohl der Konflikt von meinem Partner ausgelöst wurde.* Es ist viel einfacher, Schuld zuzuweisen, als Verantwortung zu übernehmen. (Das haben die Beispiele von Woche 6 gezeigt.) Im Fall, daß ein Konflikt entsteht, sind beide dafür verantwortlich, ihn zu lösen. Die Frage, wer ihn ausgelöst hat, ist nebensächlich.
4. *Es geht nicht darum, als Gewinner aus dem Konflikt hervorzugehen.* Es geht in unserer Beziehung nicht darum, wer der Sieger ist. Wo eine Lösung erzwungen wird, besteht die Gefahr, daß der „Gewinner" irgendwann die Achtung vor dem anderen verliert.
5. *Ich bin nicht bereit, nur um des lieben Friedens willen nachzugeben.* Indem wir immer einlenken, weil wir nicht der Böse sein wollen, entgeht uns die Gelegenheit, an unseren Konflikten zu wachsen und zu reifen.

So wird Ihre Ehe gefestigt und vertieft

1. Welchen der fünf Schritte halten Sie für den schwierigsten? Warum? Welche Kindheitserlebnisse oder früheren Kon-

flikte in Ihrer Ehe lassen Ihnen diesen Schritt als so schwierig erscheinen?

2. Welcher der fünf Punkte würde Ihnen und Ihrem Partner Ihrer Meinung nach am meisten helfen? Was müssen Sie noch aus dem Weg räumen, um diesen Schritt tun zu können?
3. Schildern Sie Konflikte mit Ihrem Partner, bei denen
   - Sie sich als der Sieger fühlten.
   - Sie sich zurückzogen und nicht mehr darüber reden wollten.
   - Sie um des lieben Friedens willen einlenkten, obwohl der Konflikt noch nicht gelöst war.
   - Sie sich mit Ihrem Partner über eine Meinungsverschiedenheit einigen konnten.
   - Sie gemeinsam mit Ihrem Partner den Konflikt lösten und die Unstimmigkeit bereinigten.
4. Wie sieht Ihr Beziehungsstil im Blick auf die Lösung von Konflikten aus? (Eine kleine Hilfe: Bei welchem der oben genannten Punkte fanden Sie die meisten Beispiele?)

Konfliktbewältigung ganz praktisch

„Ein Tor schüttet all seinen Unmut aus,
aber ein Weiser beschwichtigt ihn zuletzt.“

(Sprüche 29,11)

Aufgabe der Woche:
Überlegen Sie, welchen der 5 Schritte Sie beherzigen wollen, wenn es zwischen Ihnen zu einem Konflikt kommt.

Vergebungsbereitschaft...

kommt dem anderen entgegen,
faßt einen Entschluß, zeigt Einsicht
und ***spricht den anderen frei***

„Ich vergebe dir!"
Diese drei Worte kommen direkt nach dem berühmten: „Ich liebe dich!" Die Worte, die unseren Partner von aller Schuld freisprechen, klingen so einfach, so plausibel, so freundlich und liebevoll. Warum fällt es uns dann so schwer, sie auszusprechen?

Meist sind es drei Fakten, die uns davon abhalten, dem anderen zu vergeben:

1. *Unser Stolz.* Nur ein demütiger Mensch, der sich seiner eigenen Unzulänglichkeiten bewußt ist, kann einem anderen vergeben. Indem wir einem anderen Vergebung zusprechen, gewähren wir ihm etwas, was wir selbst am allernötigsten haben. „Vergebung ist der mächtigste Angriff auf alle Übel des gemeinsamen Lebens."
2. *Unser vermeintlicher Gerechtigkeitssinn.* Sobald wir in unserer Selbstgerechtigkeit beharren und darauf bestehen, daß wir

„so etwas nie tun" würden, erheben wir uns zum Richter über die Fehler unseres Partners. Um zu vergeben, müssen wir vom Richterstuhl heruntersteigen und uns aller Urteile enthalten.

3. *Unser Wunsch zu strafen.* Wir beschließen nicht nur für uns selbst, daß unser Partner Strafe verdient hätte, wir wollen auch selbst bestimmen, wie die Strafe aussieht! Indem wir vergeben, geben wir unseren Wunsch nach Bestrafung auf.

Eine amerikanische Schriftstellerin, Karen Burton Mains, definiert Vergebung als „die Bereitschaft, den Schmerz über die Fehler des anderen zu tragen". Dazu schreiben Alice und Robert Fryling: „Vergeben bedeutet nicht, daß wir so tun, als seien wir nicht verletzt worden. Es heißt auch nicht, daß wir nicht über diese Verletzungen reden. Vergeben bedeutet, daß wir im Gehorsam gegen Jesus Christus, willig bereit sind, den Schmerz über das Unrecht, das uns angetan wurde, zu tragen, und Gott darum bitten, uns zu helfen und die Wunde in unserer Beziehung zu heilen. Nie wird von uns verlangt, größeren Schmerz zu tragen, als Jesus ihn trug. Und nie wird von uns verlangt, eine Sünde zu vergeben, die nicht schon am Kreuz vergeben wurde."[10]

Ein Arzt erinnert sich an einen Herzpatienten, der an seinem Zorn „über einen Kriegskameraden festhielt, der ihn im Zweiten Weltkrieg verraten hatte. Er fand seinen Ärger völlig gerechtfertigt - und wahrscheinlich war er es auch. Und doch konnte er seinen Kumpel, der im übrigen schon seit Jahren tot war - er war noch im Krieg gefallen -, damit nicht strafen. Statt dessen schadete er sich selbst. Schon allein das Reden über diese alte Geschichte verursachte ihm massive Herzbeschwerden. Im Grunde hatte er sich ganz in die Hand eines anderen Mannes gegeben, eines Menschen, den er verachtete obwohl er schon seit Jahren tot war." Der Arzt betont, wir „vergeben nicht, um als ‚guter Mensch' dazustehen, um gelobt zu werden, und auch nicht, um in den Himmel zu kommen, sondern einfach weil es in unserem eigenen Interesse liegt. Wir denken dabei ganz praktisch - indem wir vergeben, haben wir weniger Streß, Schmerz und Krankheit."[11]

Das Leben ist so kurz. Wir sollten es uns keinen Tag länger von der Vergangenheit verderben lassen. Um einander zu vergeben, müssen wir die alten Schuldscheine, die wir in Gedanken aufbewahrt haben, zerreißen, einander in die Augen schauen und sagen: „Ich vergebe dir". Die Vergebung liegt letztlich in unserem eigenen Interesse. Wir tun damit etwas für unsere Gesundheit und unser Glück.

So wird Ihre Ehe gefestigt und vertieft

1. Seien Sie einmal ganz ehrlich mit sich selbst. Ist Ihre Vergebung an bestimmte Bedingungen geknüpft? Das heißt, werten Sie sie womöglich auf eine der folgenden Arten ab? Überprüfen Sie, welcher der folgenden Sätze auf Sie zutrifft. Unterhalten Sie sich anschließend mit Ihrem Partner über Ihre Antworten.
   - Ich vergebe dir, aber ich bin es allmählich leid, dir immer wieder dieselbe Sache vergeben zu müssen.
   - Ich vergebe dir, aber reiz mich nicht nochmal in dieser Sache.
   - Dieses eine Mal will ich dir noch vergeben.
   - Ich vergebe dir, wenn du mir versprichst, es nie wieder zu tun.
   - Ich vergebe dir, aber vergessen kann ich nicht.
   - Ich vergebe dir, aber (überlegen Sie selbst, aus welchen Gründen Sie nicht bereit sind, wirklich zu vergeben.)

2. Haben Sie das Gefühl, daß Ihr Partner bestimmte Bedingungen stellt, bevor er Ihnen vergibt? Schränkt er seine Vergebung unter Umständen auf eine der folgenden Arten ein? Überlegen Sie, welcher der folgenden Sätze zutrifft. Unterhalten Sie sich anschließend mit Ihrem Partner über Ihre Antworten.
   - Ich vergebe dir, aber ich bin es allmählich leid, dir immer wieder dieselbe Sache vergeben zu müssen.
   - Ich vergebe dir, aber reiz mich nicht nochmal in dieser Sache.
   - Dieses eine Mal will ich dir noch vergeben.
   - Ich vergebe dir, wenn du mir versprichst, es nie wieder zu tun.
   - Ich vergebe dir, aber vergessen kann ich nicht.
   - Ich vergebe dir, aber (überlegen Sie selbst, aus welchen Gründen der andere nicht bereit ist, wirklich zu vergeben.)
3. Gibt es in Ihrer Vergangenheit Dinge, bei denen Sie das Gefühl haben, Ihr Partner hätte sie Ihnen noch nicht völlig vergeben? Wenn ja, reden Sie darüber.

Hinweis für den zuhörenden Partner: Versprechen Sie, beim Zuhören ruhig zu bleiben und sich nicht zu verteidigen. Versuchen Sie vielmehr, den anderen zu verstehen. Falls Ihr Partner das Empfinden hat, Sie hätten ihm an einem bestimmten Punkt nicht vergeben, dann ist jetzt nicht der richtige Moment, um ihn vom Gegenteil zu überzeugen. Ihr Partner äußert ein Gefühl, und Sie sollten versuchen, es zu verstehen und zu akzeptieren. Danken Sie ihm dafür, daß er mit Ihnen über seine Bedenken redet, und reichen Sie ihm die Hand oder berühren Sie ihn. Schauen Sie ihm in die Augen und sagen Sie etwa folgendes: „Ich vergebe dir, daß... Du mußt dich nicht mehr schuldig fühlen, in meinen Augen ist die Angelegenheit ausgeräumt. Du bist so schuldlos, als hättest du die Sache nie getan." Besiegeln Sie den „Freispruch" mit einem Kuß.

Vergebungsbereitschaft ganz praktisch

„Gott war in Christus und versöhnte die Welt mit sich selber und rechnete ihnen ihre Sünden nicht zu."

(2.Korinther 5,19)

Aufgabe der Woche:
Üben Sie das Vergeben in dem Moment, wo ein anderer Sie unfair behandelt. Beten Sie leise: „Herr, ich vergebe....., daß er..... ." Falls es Ihr Ehepartner war, blicken Sie ihm in die Augen, berühren Sie ihn und sagen Sie: „Ich vergebe dir."

Emotionale Nähe...

öffnet sich, ist aufrichtig, nimmt in die Arme und ***fühlt sich ein***

Die Herzen Liebender hungern nach Verständnis.

John Powell hat es so gesagt: „Es stimmt zwar, daß meine Wertvorstellungen, meine Überzeugungen und meine Ziele wichtiger sind als meine Gefühle, aber nur wenn ich dir sage, was ich gerade im Blick auf meine Wertvorstellungen, Überzeugungen und Ziele empfinde, kannst du meine Einzigartigkeit erkennen. Es stimmt, daß meine Liebe wichtiger ist als meine Gefühle, aber nur wenn ich mit dir darüber rede, welche Gefühle die Liebe zu dir in mir wachruft, kannst du erkennen, daß meine Liebe einmalig und einzigartig ist. Der Diamant ist der Mensch, die Fassung aber, welche seine mannigfaltige Schönheit erst richtig zur Geltung bringt, sind die Gefühle. Ohne Fassung sieht man den Diamanten nicht und kann ihn nicht bewundern. Ohne Gefühle kann man einen Menschen nicht wirklich kennen.“[12]

Gerade in der Ehe sehnen wir uns danach, daß unser Herzschlag abgehört und aufgezeichnet wird, aber viel zu oft tut der Geliebte so, als wisse er nicht mit dem Stethoskop, nämlich seinen Ohren, umzugehen.

Um uns in den anderen einzufühlen, müssen wir uns Zeit nehmen und lange genug zuhören, bis wir verstanden haben, was ihn umtreibt. Die Bibel mahnt uns: „Freut euch mit den Fröhlichen und weint mit den Weinenden“ (Römer 12,15). Mit anderen Worten: Wir sollen unsere Gefühle anpassen. Nehmen Sie sich darum genug Zeit, damit die Worte des anderen Ihr Herz berühren und Ihre Gefühle ansprechen können.

Vor ein paar Tagen saß Myron am Tisch und aß sein Mittagessen, während ich mit einem belegten Brötchen in der Hand unruhig hin und herlief. Myron hatte gerade in einem Buch einen Abschnitt über die Liebe entdeckt, den er mir vorlesen wollte. Ich setzte mich zu ihm, legte meinen Hotdog zur Seite, griff nach seiner Hand und konzentrierte mich ganz auf ihn. Nach dem kurzen Gespräch trennten wir uns mit einem Kuß. Aber ich ging als veränderter Mensch an meinen Computer zurück. Mein Herz klopfte heftig, und vor Freude war mir fast schwindlig. Ich kam mir vor, als hätte ich gerade den Everest bestiegen und würde jetzt vom höchsten Gipfel auf das Leben hinuntersehen.

Voller Begeisterung wandte ich mich meinem „Freund“ John Powell zu, dessen Schriften vor allem mir die wichtige Bedeutung der Gefühle zeigten. Obwohl ich eines seiner Bücher, *The Secret of Staying in Love* (Das Geheimnis, wie man verliebt bleibt), im Laufe der Jahre schon mehrmals gelesen hatte, fand ich gerade an diesem Tag, an dem ich selbst meinen Höhenflug hatte, in seinem Buch folgende Stelle: „Ohne diese Augenblicke, in denen wir den gewohnten Rhythmus hinter uns lassen und uns einander ganz neu öffnen, wird die Liebe stumpf und schal und langweilig... Was im Garten des Lebens nicht wächst, das stirbt."

Wie leicht aber übergehen wir die besonderen Augenblicke, weil wir uns nicht die Zeit nehmen, das wahre Anliegen zwischen den Zeilen zu erkennen.

Die Frau schlägt eifrig vor: „Der Wetterbericht für das Wochenende klingt gut. Wir könnten doch morgen ein bißchen radfahren und unterwegs picknicken."

„Machst Du Witze?" schimpft der Mann. „Du hast wohl keine Ahnung, was ich hier im Haus und Garten alles zu tun habe? Ohne mich!"

Oder der Mann meint: „Wir könnten heute abend zum Fußballspiel ins Stadion gehen. Ich brauche mal ein bißchen Entspannung!" Die Frau erwidert: „Unter Entspannung stelle ich mir etwas anderes vor. Wir könnten doch endlich mal wieder ins Kino gehen."

Diese Paare waren vermutlich für den Rest des Tages verstimmt und schlechter Laune. Warum? Weil wir uns, wenn unsere Vorschläge abgelehnt werden, oft als Person zurückgewiesen fühlen. Und wenn der andere uns einfach über den Mund fährt, tut das doppelt weh. Wie viel besser wäre es doch, innezuhalten, um zu verstehen, was der andere wirklich meint. Einfühlungsvermögen bedeutet, wir nehmen den Partner mit seinen Wünschen und Vorstellungen so wichtig, daß wir bereit sind, mit ihm darüber zu sprechen. „Das ist eigentlich gar keine schlechte Idee. Laß uns noch einmal darüber reden" oder „An dem Fußballspiel scheint dir wirklich viel zu liegen." Versuchen Sie, die Methode mit den drei Fragen anzuwenden, von der wir in Woche 15 gesprochen haben, um zu erfahren, warum eine Sache Ihrem Partner wichtig ist.

Und dann bemühen Sie sich, ihn auch zu verstehen. Ein verständnisvoller Partner interessiert sich genauso viel für die Gefühle, die hinter einer Frage stecken, wie für die Sache selbst. Der interessierte Ehemann hätte so vielleicht erfahren, ob seine Frau deshalb mit ihm picknicken wollte, weil sie ihn einmal ganz für sich haben wollte, weil sie irgendwie Druck ablassen mußte, weil sie wieder einmal eine sportliche Betätigung brauchte oder weil sie zärtlich mit ihm im Gras liegen wollte.

Der Mann, der ein bißchen Entspannung brauchte, war vielleicht aus irgendeinem Grund geknickt oder müde wegen der vielen Überstunden, oder er wollte einmal wieder so wie früher etwas mit seiner Frau unternehmen.

Im berühmten Gebet des Franziskus von Assisi finden wir diesen selbstlosen Satz: „Herr, nicht daß ich verstanden werde, sondern daß ich verstehe."

„Paul Tournier hält das Bedürfnis, einander zu verstehen, für so wichtig, daß er sagt, es dürfe für Mann und Frau nichts Wichtigeres geben. Sie müßten sich völlig darin verlieren, ganz davon in Anspruch genommen werden, herauszubekommen, was den anderen bewegt, was er mag oder nicht mag, was er fürchtet, worum er sich Sorgen macht, wovon er träumt, woran er glaubt und warum er in einer bestimmten Art empfindet."[13]

Wie können wir erfahren, welche Gefühle sich hinter einer Frage verbergen? Wir erfahren es, wenn es uns wichtiger ist, diesen wunderbaren Partner, den Gott uns geschenkt hat, zu verstehen, als selbst von ihm verstanden zu werden. Halten Sie inne und schenken Sie dem anderen Ihre ungeteilte Nähe und Aufmerksamkeit, und dann versuchen Sie ihn zu verstehen. Helfen Sie ihm mit aufmunternden Sätzen wie: „Das klingt, als wärst du wirklich verletzt", „Das war bestimmt furchtbar peinlich“, „Das war wohl nicht einfach“ oder „Es tut mir richtig weh, dich so traurig zu sehen“ und überprüfen Sie, ob Sie ihn richtig verstanden haben: „Du klingst ganz schön wütend“, „Du machst dir bestimmt furchtbare Sorgen“, „Hast du Angst davor?“, „Willst du damit sagen, du hattest das Gefühl, deine Familie läßt dich im Stich?“

So wird Ihre Ehe gefestigt und vertieft

Schildern Sie abwechselnd ein Ereignis, das Ihnen besonders zu schaffen gemacht hat, und eines, das Sie als besonders schön in Erinnerung haben. Wenn Sie der Zuhörer sind, versuchen Sie, sich in den anderen einzufühlen.

Einfühlungsvermögen ganz praktisch

„So zieht nun an… herzliches Erbarmen,
Freundlichkeit, Demut, Sanftmut, Geduld.“

(Kolosser 3,12)

Aufgabe der Woche:
Falls Ihr Partner Ihnen von seinen Plänen erzählen will, worüber er sich gefreut hat oder was ihm Sorge macht, dann nehmen Sie sich die Zeit, ihm zuzuhören und ihn zu verstehen.

Körperliche Nähe...

streichelt, wirbt um den anderen, genießt die sexuelle Erregung und ***teilt sich mit***

Freude am Sex wird durch Schweigen verringert; sexuelles Vergnügen wird von der Scham gehemmt. Das war jedoch nicht Gottes Wille. Er wollte, daß der Geschlechtsverkehr Freude macht. Und diese Freude wird durch unser Reden noch gesteigert. „Wenn wir während des Geschlechtsverkehrs positive Botschaften vermitteln, wird das Erleben für beide intensiviert", sagen Cliff und Joyce Penner. „Der Partner, der stöhnt und vor Entzücken aufschreit, läßt sexuelle Energie frei. Damit trägt er dazu bei, daß die Erregung beim anderen zunimmt. Mit seinem positiven Echo steigert er das Vergnügen."[14]

Walter Wangerin macht den Ehepaaren Mut, vor, während und nach dem Verkehr miteinander zu reden. „Warum", so fragt er, „sollten wir den Ehepartner nicht loben, ihm nicht danken, für das wunderbare Geschenk, das wir da erhalten? Oder ist es so unbedeutend, daß es keiner Erwähnung wert ist? Mit unserem Dank pflegen wir es, so daß es zu einem festen Teil unserer Sexualität wird...

Es gibt keine Tabus. Es gibt kein Gesetz, das uns verbietet, über unseren Körper, über all die sexuellen Regungen, über die Gefühle, die wir erleben, bevor wir den Höhepunkt erreichen, über den Höhepunkt selbst zu reden... Eine der reinsten Freuden beim Geschlechtsverkehr ist die, daß wir uns ganz in einen anderen hineinbegeben, daß wir erfahren, wie eine Person des anderen Geschlechts sich von innen anfühlt... Beim echten Geschlechtsverkehr werden wir wirklich ineinander hineingezogen.

Der Partner kann (wenn wir miteinander reden!) unseren Körper und unser Herz kennenlernen.“[15]

In den ersten Jahren unserer Ehe sprachen wir während des Verkehrs nie über Sex (und selten davor oder danach). In jenen stillen Jahren gab ich Myron nur mit meinem Körper Signale, die er allerdings sehr gut zu lesen verstand. Heute aber freuen wir uns daran, vor, während und nach dem Geschlechtsverkehr miteinander zu reden, und wir genießen es, wie wir den sexuellen Kontakt dadurch noch intensiver erleben.

Auch tagsüber reden wir heute ganz offen über unsere sexuellen Bedürfnisse („Laß uns heute früh ins Bett gehen und uns lieben“). Wir reden offen darüber, was uns Spaß macht. Wir reden während dem Liebesakt selbst („Streichle mich hier“) und danach („Puh! Du warst großartig!“).

Wie verständigen Sie sich vor, während und nach dem Liebesakt? Sind Sie es gewohnt zu schweigen, schämen Sie sich, darüber zu reden, und nehmen sich so selbst die größte Freude am sexuellen Erleben? Wenn ja, ist es jetzt an der Zeit zu reden.

So wird Ihre Ehe gefestigt und vertieft

Lesen Sie im Wechsel die nachfolgenden sieben Zitate. Machen Sie nach jedem eine kurze Pause und beantworten Sie beide die folgenden zwei Fragen:

1. Welche Gefühle, Gedanken und Vorstellungen ruft dieses Zitat in mir wach?
2. Inwiefern hilft es mir, unsere sexuellen „Erfolge“ oder „Mißerfolge“ besser zu verstehen?

Zitat 1: „Nehmen Sie sich genug Zeit, um sich gegenseitig zu stimulieren... Sagen Sie Ihrem Partner, was Sie wünschen.“[16]

Zitat 2: „Das Vertrauen erlaubt es ihm und ermutigt sie, sich dem anderen nackt zu zeigen und sich dessen nicht zu schämen. Körperlich nackt: Kein Teil des Körpers muß verborgen bleiben, weil keine Rundung, kein Organ, kein Fleisch verletzt oder in Verlegenheit gebracht wird. Geistig und seelisch nackt: Kein Teil der Persönlichkeit, kein Gefühl, keine Erinnerung oder Angst, kein inneres Entzücken muß verborgen bleiben, weil nichts am anderen verletzt, mißbraucht oder in Verlegenheit gebracht wird. Das Vertrauen erlaubt es ihm und ermutigt sie, sich ganz und rückhaltlos vor dem anderen zu zeigen. Ehrlichkeit andererseits verbirgt nichts vor dem anderen.“[17]

Zitat 3: „Beide Partner müssen sich mit menschlichen Schwächen und Fehlern, Gereiztheit und Müdigkeit und manchmal auch Kopfschmerzen abfinden.“[18]

Zitat 4: „Ihre sexuelle Beziehung ist immer ein Spiegel Ihres ganzen Lebens. Sie verrät etwas über Ihre Ängste und Spannungen, und fast immer ist sie ein Barometer für den Zustand Ihrer gesamten Beziehung.“[19]

Zitat 5: „Die bessere Alternative zu egoistischen Forderungen sind verständnisvolle Bitten. Ich empfehle diese Schritte: Erklären Sie, was Sie gern hätten, und fragen Sie Ihren Partner, was er dabei empfinden würde. Falls Ihr Partner andeutet, daß ihm die Erfüllung dieser Bitte unangenehm wäre, ziehen Sie sie zurück. Suchen Sie nach anderen Möglichkeiten, die auch Ihr Partner bejahen kann."[20]

Zitat 6: „Die meisten sexuellen Probleme in einer Ehe haben nur wenig mit der richtigen Technik zu tun, dafür um so mehr mit unseren seelischen Bedürfnissen."[21]

Zitat 7: „Wenn unsere Vorbereitung auf den Geschlechtsverkehr darin besteht, daß wir uns ausziehen und ins Bett springen, dann bereiten wir nur den Körper vor... Sexuelle Vereinigung heißt, daß wir begreifen, daß wir einen Menschen lieben, nicht einen Körper."[22]

Körperliche Nähe ganz praktisch

„Und sie waren beide nackt, der Mensch und sein Weib, und sie schämten sich nicht."

(1.Mose 2,25)

Aufgabe der Woche:

Bevor Sie das nächste Mal miteinander schlafen (warum nicht heute abend?), nennen Sie Ihrem Partner zwei Dinge, die Sie beim Liebesakt bei ihm besonders schätzen, und eines, das Ihnen noch größere sexuelle Befriedigung schenken würde.

Geistliches Leben...

segnet, sucht Gott, braucht ein Zuhause und *wächst*

In den folgenden beiden Aussagen finden Sie das ganze Geheimnis für ein gesundes Wachstum im Glauben:

1. Wer geistlich wachsen will, muß auf die Knie gehen.
2. Der Christ, der das Bibelstudium vernachlässigt, vernachlässigt auch sein Glaubensleben.

Gebet und Bibelstudium sollten unser Leben bis in alle Ewigkeit prägen. Beten bedeutet, mit dem Herrn der Welt in Verbindung zu treten und sich an der Gemeinschaft mit ihm zu erfreuen. Wer in der Bibel liest, zu dem kann Gottes zeitloses Wort so frisch und neu reden, wie es die Menschheit seit Tausenden von Jahren immer wieder erfahren hat.

Die Bibel ist so aktuell wie die Tageszeitung. Jemand hat einmal gesagt: „Ich habe schon viele Bücher gelesen, aber die Bibel liest in mir.“

Nicht in der Bibel zu lesen, das ist so, als würden wir ein neues Auto kaufen und die Bedienungsanleitung wegwerfen.

Wir werden doppelt so oft in die Werkstatt fahren müssen als sonst. Genauso kann unsere Ehe beim Psychiater oder vor dem Scheidungsrichter enden, weil wir uns geweigert haben, die Weisheit des einen in Anspruch zu nehmen, der die Ehe eingesetzt hat.

Falls der christliche Glaube für Sie etwas Neues ist, geben wir Ihnen folgenden Rat:

- Besorgen Sie sich für die Lektüre der Bibel eine moderne Bibelübersetzung in heutigem Deutsch.
- Lesen Sie jeden Tag ein Kapitel aus dem Johannesevangelium. Zur Abwechslung können Sie zusätzlich jeden Tag noch einen Psalm oder einen Vers aus den Sprüchen lesen.
- Rechnen Sie damit, daß Gott beim Lesen zu Ihnen spricht. Wenn Ihnen etwas nicht klar ist, reden Sie mit ihm.
- Bemühen Sie sich darum, das, was Gott Ihnen zeigt oder wo er Sie korrigiert, in Ihrem Leben umzusetzen.

Genauso unsinnig wie das Wegwerfen der Gebrauchsanweisung, nämlich der Bibel, ist es, das Gebet zu vernachlässigen. In der Medizin ist die Bedeutung des Gebets heute bereits so weit anerkannt, daß ein Mediziner sagen kann: „Der Arzt, der nicht für seine Patienten betet, macht sich der geistlichen Falschbehandlung schuldig. Studien haben gezeigt, daß das Gebet einen positiven Einfluß hat bei hohem Blutdruck, Herzinfarkt, Kopfschmerzen und Angstzuständen. Wo Familie oder Freunde für einen Patienten beteten, taten sie etwas für seine Genesung. Die Wirkung des Gebets hatte nichts damit zu tun, ob der Betende anwesend oder weit fort war... Es scheint, als könnte nichts das Gebet hindern oder aufhalten."[23]

Die Macht des Gebets und des Bibellesens wird auch im Leben von Millionen von Christen sichtbar. Wie aber sollen wir diese geistliche Übung praktizieren: für uns allein oder zusammen mit dem Partner?

Den meisten Christen fällt es leichter, zunächst einen eigenen Rhythmus zu finden, bevor sie gemeinsam mit dem Partner beten und in der Bibel lesen. Aber vielleicht gilt für Sie ja gerade das Gegenteil! Obwohl das gemeinsame Gebet besondere Nähe schenkt, empfinden viele, auch reife Paare, diese Nähe als unangenehm. Wo also wollen Sie beginnen? Vielleicht können Ihnen die folgenden Vorschläge helfen:

1. Versuchen Sie zunächst, sich an jedem Tag mindestens fünf Minuten Zeit zu nehmen, um in der Bibel zu lesen und zu beten. Probieren Sie das zwei Monate lang aus. Sobald Sie merken, daß diese Gewohnheit einen positiven Einfluß auf Ihr Leben und Ihre Ehe hat, werden Sie beschließen, die Zeit etwas auszudehnen.
2. Probieren Sie es am Morgen. Die beste Methode, den Tag zu beginnen, ist mit dem Herrn. Natürlich können Sie sich auch über Mittag oder am Abend Zeit für ihn nehmen. Wichtig ist vor allem, daß Sie es regelmäßig tun.
3. Lesen Sie ein Kapitel aus dem Johannesevangelium. In diesem schlägt uns etwas von der Liebe entgegen, die Gott uns durch seinen Sohn Jesus Christus schenkt.
4. Hören Sie nach dem Lesen darauf, was Gott Ihnen sagen möchte.
5. Beim Beten halten Sie sich an diese Reihenfolge: Anbetung, Bekenntnis, Dank und Fürbitte. Preisen Sie Gott für seine Güte; bekennen Sie Ihre Sünden; danken Sie ihm für alles, was er für Sie getan hat; bitten Sie ihn um alles, was Sie brauchen, und bitten Sie ihn auch darum, andere Menschen zu heilen und ihnen zu helfen.
6. Vielleicht hilft es Ihnen, eine Anleitung zur Bibellese zu benutzen. Es gibt viele verschiedene Ausgaben. Eine christliche Buchhandlung kann Ihnen weiterhelfen.

Wenn Sie mit Ihrem Partner zusammen Ihre Andacht halten möchten, probieren Sie es mit einem oder mehreren der folgenden Vorschläge:

1. Am Abend, vor dem Einschlafen, löschen Sie das Licht, fassen Sie sich an den Händen und danken Sie dem Herrn für alles Gute, was er Ihnen an diesem Tag geschenkt hat.
2. Sprechen Sie beim Frühstück ein kurzes Gebet und bitten Sie Gott um seinen Schutz für jedes einzelne Familienmitglied.
3. Lernen Sie jede Woche einen Bibelvers auswendig und tauschen Sie sich darüber aus, was er Ihnen bedeutet.
4. Beten Sie jeden Morgen zusammen das Vaterunser.
5. Lesen Sie am Morgen nach der ersten Tasse Tee oder Kaffee jeder getrennt in der Bibel, beten Sie jeder für sich und anschließend gemeinsam für die Familienmitglieder.
6. Machen Sie es sich zur Gewohnheit, beim Abendessen auch über geistliche Anliegen zu reden. Jeder kann davon berichten, wie er während des Tages besonders gesegnet wurde.
7. Hören Sie sich eine christliche Kassette an und diskutieren Sie darüber.
8. Stellen Sie im Auto das Radio ab und beten Sie für die Dinge, die Sie im Blick auf Ihre Familie bewegen.

So wird Ihre Ehe gefestigt und vertieft

Unterhalten Sie sich über Ihre Antworten auf die folgenden Fragen:

1. Welche Bedeutung hat das Gebet in Ihrem Leben? Und die Bibel? Hat sich Ihre Einstellung durch die Lektion dieser Woche geändert? Wenn ja, wie?

2. Haben Sie eine persönliche Beziehung zu Jesus Christus? Wenn Sie ein Kind Gottes werden möchten, sprechen Sie dieses einfache Gebet: Herr Jesus, ich brauche dich. Ich glaube, daß du für mich gestorben bist, und nehme dich als meinen Herrn und Erlöser an. Danke, daß du mir die Sünden vergibst und mir das ewige Leben schenkst. Amen.
3. Welchen der acht Vorschläge zum gemeinsamen geistlichen Wachstum würden Sie gern zusammen mit Ihrem Partner praktizieren? Warum?

Geistliches Leben ganz praktisch

„Alle Schrift von Gott eingegeben,
ist nütze zur Lehre, zur Zurechtweisung, zur Besserung,
zur Erziehung in der Gerechtigkeit."

(2.Timotheus 3,16)

Aufgabe der Woche:
Wählen Sie eine der Möglichkeiten, gemeinsam geistlich zu wachsen, und fangen Sie heute damit an!

STUFE FÜNF

Liebe...

redet, entdeckt, handelt,
macht Mut und ***dient***

In der Ausgabe vom Winter 1993 der amerikanischen Zeitschrift *Marriage Partnership* findet sich ein wunderbarer Bericht darüber, wie das Dienen in einer Partnerschaft aussehen kann. Jim Conway und seine Frau Sally erzählen:

„*Jim:* ‚Als es mir schlecht ging, hat Sally mich getragen. Jetzt, wo sie an Brustkrebs leidet, trage ich sie. So sollte es in der Ehe doch sein.'

Sally: ‚Ich finde es absolut beispielhaft, wie Jim sich in der Zeit meiner Krankheit um mich gekümmert hat.' Sally berichtet dann, wie Jim die Biopsie, die Operation und die Tage danach erlebte. ‚Dann, als die Chemotherapie begann und ich die Kräfte, wie auch meine Würde und mein Haar verlor, stand er mir sowohl moralisch als auch ganz praktisch zur Seite... Er bediente mich, als sei er extra dafür angestellt, mir jeden Wunsch von den Augen abzulesen. Ich hatte eine Infektion an der Operationsnarbe, und daraus wurde ein riesiges Loch. Das mußte jeden Tag gesäubert und verbunden werden. Mein lieber Jim beugte sich über mich und sah mich mit seinen zärtlichen Augen an, um die sich inzwischen ein paar dunkle Ringe gelegt hatten. Fast zehn Monate lang pflegte er jeden Tag meine Wunde.'"

Den Menschen dienen heißt, ihnen zur Verfügung stehen, ihnen gefällig sein, ihnen behilflich sein. Sie bekommen das Festessen serviert, und man selbst ist der Kellner, der es ihnen an den Tisch bringt – nur daß man kein Trinkgeld erhält."[1]

Zu dieser Art von Dienst bereit zu sein ist nach dem Schritt vor den Traualtar eine viel größere Herausforderung als vorher. Ein Paar, das zu uns in die Beratung kam, hatte da ganz besondere Probleme. Vor der Hochzeit hatte die Frau nicht genug für ihren Verlobten tun können. Sie hatte seine Wäsche gewaschen, als er noch studierte; war aufgesprungen, um nachzugießen, wenn sein Glas leer war; und hatte die Chips herbeigeholt, wenn er vor dem Fernseher saß.

Doch nach den Flitterwochen fand der junge Ehemann, als er von der Arbeit nach Hause kam, das Frühstücks- und Mittagsgeschirr noch immer ungespült in der Küche stehen, im Bad lagen die Handtücher auf dem Boden, die Betten waren nicht gemacht, und von Vorbereitungen auf das Abendessen keine Spur.

Er war erschüttert und fragte sich, wo die Liebe geblieben war. Er hatte eine Frau geheiratet, die bereit gewesen war zu dienen, aber mit dem „Ja" vor dem Traualtar hatte sie ihren Einsatz beendet.

Natürlich geht das Dienen nicht nur die Frauen an. Die Bibel mahnt: „In Demut achte einer den andern höher als sich selbst" (Philipper 2,3). Mein Mann zeigt mir seine Liebe, indem er für mich in die Stadt fährt, um Besorgungen zu machen; er trägt den Abfall fort, saugt Staub, deckt den Tisch ab, fährt meine Mutter zum Arzt, begleitet mich am Wochenende, wenn ich irgendwo einen Vortrag halten muß, räumt den Geschirrspüler aus, kauft ein usw.

Da ich etwa zur selben Zeit mit dem hauptberuflichen Schreiben angefangen habe, als Myron pensioniert wurde, habe ich das Gefühl, er hilft mir mehr als ich ihm. Aber irgendwo habe ich einmal gelesen, wenn man ein Ehepaar frage, wer von beiden dem anderen mehr helfe, so würden beide den Namen des Partners nennen. Das ist ein Zeichen für eine gesunde, schenkende Ehe.

Wer ein echter Diener sein will, der spürt, wenn der andere müde und erschöpft ist, und nimmt ihm unaufgefordert ein paar Arbeiten ab. Er setzt sich die Brille des anderen auf und versucht, die Welt mit seinen Augen zu sehen; er tritt in die Schuhe des anderen und versucht, in ihnen zu gehen. Diener sein ist eine wahrhaft christliche Eigenschaft, die für eine gute Ehe unabdingbar ist.

So wird Ihre Ehe gefestigt und vertieft

1. Wie gut können Sie dienen? Nehmen Sie sich genug Zeit, um sich, jeder für sich, darüber Gedanken zu machen (Sie dürfen Ihre Punktezahl für sich behalten). Für jede der folgenden Beschreibungen, die auf Sie zutrifft, erhalten Sie 10 Punkte.
   - Es macht mir nichts aus, auch die unangenehmsten Arbeiten zu übernehmen.
   - Es stört mich nicht, daß meine Hilfe nicht gesehen wird.
   - Ich helfe meinem Partner, auch wenn er mir nicht hilft.
   - Mich muß man nicht lange um meine Hilfe bitten.
   - Ich erkenne oft schon an der Körpersprache meines Partners, ob er meine Hilfe braucht. Ich warte nicht, bis er ruft: „Ich schaffe es nicht“, bevor ich ihm zu Hilfe komme.

– Ich überrasche meinen Partner gern damit, daß ich eine seiner Aufgaben erledige, bevor er dazu Zeit hat.
– In meinen Augen ist die Zeit, in der wir gemeinsam die Küche oder die Garage aufräumen, eine wunderbare Möglichkeit zum Gespräch.
– Ich frage meinen Partner oft, wo ich ihm helfen kann.
– Ich bitte ihn nur dann, mir zu helfen, wenn ich geistig oder körperlich zu müde bin.
– Ich bitte Gott oft, mich zu einem Diener zu machen, wie Jesus es war.

2. Wie haben Sie abgeschnitten? Wenn Sie zwischen 70 und 100 Punkten haben, ist das ein sehr gutes Ergebnis; 40 – 60 ist gut; 20 – 30 nicht schlecht.
3. Fragen Sie Ihren Mann oder Ihre Frau, was Sie tun könnten, um ein besserer Helfer zu werden.

Hinweis: Achten Sie darauf, daß Sie nicht anfangen, sich zu verteidigen. Danken Sie Ihrem Partner statt dessen für seine Anregungen und nehmen Sie sie zu Herzen.

Dienen ganz praktisch

„Wer groß sein will unter euch, der soll euer Diener sein; und wer unter euch der Erste sein will, der soll aller Knecht sein. Denn auch der Menschensohn ist nicht gekommen, daß er sich dienen lasse, sondern daß er diene und sein Leben gebe als Lösegeld für viele.“

(Markus 10,43-45)

Aufgabe der Woche:
Bitten Sie Jesus, Ihnen die Augen und das Herz dafür zu öffnen, wie Sie Ihrem Partner in besonderer Weise dienen können.

Zweisamkeit...

sucht den Blickkontakt, nimmt sich Zeit, pflegt gemeinsame Hobbys, sucht das Gespräch und ***schweißt zusammen***

Von zwei Menschen, die sich gut verstehen, sagen wir oft, sie seien „ein Herz und eine Seele". Unternehmen sie viel miteinander, heißt es, sie „kleben aneinander wie Kletten". Oder man redet von den „goldenen Fesseln", in denen man sich befindet.

Wir alle wollen unserem Partner ganz nahe sein. Wir wollen, daß das Band, das uns an ihn bindet, nie zerreißt. Was aber können wir tun, damit die Verbindung ein Leben lang hält?

1. *Seien Sie da.* Ganz gleich, was für ein Opfer Sie bringen müssen, seien Sie da, wenn der andere bei einer öffentlichen Veranstaltung ein paar Worte sagen muß, wenn er in einem Theaterstück mitspielt, Sport treibt, ein Solo singt, ein Gedicht vorträgt usw. Die „Macht der Gegenwart" zählt noch mehr, wenn man etwas absagen mußte, um dabeisein zu können. Doch wenn Ihre Blicke sich über das

Publikum hinweg begegnen, spüren Sie, wie das Band Ihrer Liebe gestärkt wird.

2. *Übersehen Sie die Schilder, die sagen „Bitte draußen bleiben".* Falls Ihr Partner sich elend fühlt, aggressiv, gereizt oder deprimiert ist und Sie sich von der äußeren Fassade nicht abschrecken lassen, sondern seine griesgrämige Welt betreten, sich schweigend zu ihm setzen, ihn berühren, in die Arme nehmen oder ein tröstendes Wort zuflüstern, dann wird Ihre Liebe gefestigt. Obwohl der bedrückte Partner manchmal sagt, er wolle seine Ruhe haben, suchen Sie seine Nähe, vorausgesetzt allerdings, Sie wollen ihm wirklich nur zeigen, daß Sie in seiner Traurigkeit da sind, und keine guten Ratschläge erteilen.
3. *Beten Sie.* Wenn Ihr Partner in einer der vielen Warteschlangen des Lebens steht (vielleicht wartet er auf den Anstellungsvertrag oder die Nachricht, daß sein Vorschlag von der Geschäftsführung aufgegriffen wurde, ob ein Befund negativ ist usw.), fassen Sie nach seiner Hand und flüstern Sie ein Gebet: „Vater, gib, daß es eine gute Nachricht ist, wenn das Telefon läutet."
   Das Gebet hat die Kraft, uns zueinander zu treiben, es schenkt uns eine von Gott gewirkte Einheit. Die Verbindung, die das Beten schafft, wiegt alle Angst auf, die wir vielleicht davor haben, uns laut beten zu hören.
4. *Gehen Sie mit dem anderen.* Der eine mag vielleicht Volksmusik, und der andere kann sie nicht hören. Der eine geht gern in die Oper, der andere findet sie furchtbar. Der eine mag Autorennen, der andere kann den Lärm nicht ausstehen. Aber wenn Sie Ihrem Partner in die Augen schauen und mit einem Lächeln sagen: „Ich komme heute abend mit dir", dann schweißt Sie das zusammen.

5. *Zeigen Sie Interesse am Alltag des anderen.* Lassen Sie sich etwas einfallen, wie Sie einen Einblick in die Alltagsgeschäfte Ihres Partners gewinnen können, damit Sie einmal sehen, wie sein Tag tatsächlich abläuft. Mit einem Besuch am Arbeitsplatz des anderen (wenn es sich einrichten läßt), zeigen Sie, daß Sie stolz auf Ihren Partner sind, daß Sie sich für ihn interessieren, ihn verstehen und an seinem Leben Anteil nehmen wollen.
6. *Lesen Sie einander vor.* Etwas, was uns wirklich zusammenschweißt, ist, vor dem Einschlafen noch gemeinsam einen Psalm aus der Bibel oder, wie in Woche 29 vorgeschlagen, ein Kapitel aus dem Hohenlied zu lesen.
7. *Tun Sie einiges, was Sie zu Beginn Ihrer Beziehung miteinander getan haben.* Wissen Sie noch, wie glücklich Sie damals miteinander waren, egal, was Sie taten? Damals spielte es keine Rolle, ob einer von Ihnen keine Opern mochte oder Fußball nicht ausstehen konnte. Hauptsache, Sie konnten zusammensein.

Es wird uns sicher nicht schaden, uns wieder mehr Zeit für unsere Beziehung, für das Zusammensein, die Freude an der Gegenwart des anderen zu nehmen. Walter Wangerin sagt dazu: „Eine Ehe besteht aus drei Komponenten – Ihnen, Ihrem Partner und der Beziehung, die zwischen Ihnen besteht. Sie ist wie ein Kind, das Sie beide geboren haben. Sie hat ihren eigenen Charakter... Sie ist herzig und lieb, aber auch sehr schwach und muß genährt und gepflegt werden... Dieses lebendige Etwas, diese Beziehung... ist Ihr ‚Einssein'... Sie sind beide dafür verantwortlich, dieses eigene *(dritte)* Wesen in Ihrer Mitte zu pflegen."[2]

So wird Ihre Ehe gefestigt und vertieft

1. Welche drei der sieben genannten Schritte, die Sie zusammenschweißen können, erscheinen Ihnen als die wichtigsten? *(Vielleicht fällt Ihnen noch ein anderer ein.)* Warum?
2. Was würden Sie gemeinsam unternehmen, wenn Sie sich vorstellen, Sie seien verliebt wie in den ersten Tagen? Unterhalten Sie sich über Ihre Antworten.
3. Was würden Sie am liebsten mit Ihrem Partner unternehmen?

Zusammenschweißen ganz praktisch

„Darum wird ein Mann seinen Vater und seine Mutter verlassen und wird an seiner Frau hängen, und die zwei werden ein Fleisch sein. So sind sie nun nicht mehr zwei, sondern ein Fleisch. Was nun Gott zusammengefügt hat, das soll der Mensch nicht scheiden."

(Markus 10,7-9)

Aufgabe der Woche:
Unternehmen Sie etwas, was Sie früher gern gemeinsam getan, in der letzten Zeit aber ziemlich vernachlässigt haben.

Anerkennung...

bewundert, sucht das Gute, läßt unrealistische Erwartungen los, hört auf zu kritisieren und ***erweist dem anderen Ehre***

Was würden wir tun, wenn Jesus Christus, der Herr der Welt, heute zu uns zu Besuch käme? Wahrscheinlich würden wir alles stehen und liegen lassen und ihm entgegenlaufen. Den gleichen Empfang hat auch unser Partner verdient. Wir zeigen, daß wir ihn achten und schätzen, wenn wir unserem Mann oder unserer Frau zu verstehen geben, daß sie oder er uns wichtiger ist als alles andere.

Wieviel Zeit haben wir übrig? Wir würden sicher nicht verstohlen auf die Uhr schauen, herumzappeln, einen Seufzer ausstoßen oder noch einmal schnell davonlaufen, um etwas zu erledigen, käme Jesus zu uns zu Gast. Einander Ehre erweisen bedeutet, daß der andere Mensch uns wichtiger ist als unsere Pläne oder die Dinge, die wir noch vorhatten.

Gary Smalley schildert, wie er seiner Frau Norma in den ersten Ehejahren nicht genug Ehre entgegenbrachte: „Es gab hundert Dinge, die vor ihr kamen. Bestimmte Projekte an der Arbeit waren mir wichtiger als meine Frau, und obwohl ich mich schäme, es zuzugeben, nahmen doch unzählige Male eine Bachforelle, ein kleiner weißer Golfball, zahllose Gemeindeversammlungen, gute Freunde und Bekannte – dazu fast jede ‚interessante' Sendung im Fernsehen – den Platz ein, der eigentlich Norma gehören sollte."[3]

Was drückt unsere Körpersprache aus? Wahrscheinlich würden uns Mund und Augen offenstehen, und wir würden die Ohren ausfahren wie kleine Antennen, damit uns keines von Jesu Worte entginge.

Mehr als fünfzig Prozent der Ehrerbietung bringen wir mit unserer Körpersprache zum Ausdruck. Fünfzehn Jahre lang konnte ich beobachten, wie meine Nachbarin Linda aus dem Stockwerk über uns hinter ihrem Mann Bill hersah. Ob es regnete oder graupelte, ob es schneite oder die Sonne schien, wenn Bill zur Arbeit fuhr, eilte Linda auf den Balkon, um ihm zu winken. Und abends hörte ich ihr „Hallo, Schatz" vom Treppenabsatz schallen, auf dem sie ihn erwartete.

Eine Haltung der Freude auf die abendliche Heimkehr des anderen zeigt ihm, wie wichtig er uns ist.

Was würden wir zu Jesus sagen oder nicht sagen? Nach einer herzlichen Begrüßung würden wir ihm wahrscheinlich nur noch zuhören und jedes Wort begierig aufsaugen. Was er zu sagen hätte, das würde alles, was wir zur Unterhaltung beitragen könnten, an Bedeutung weit übertreffen. Bestimmt würden wir Jesus nicht unterbrechen oder den Satz für ihn zu Ende sprechen. Und wir würden selbst durch das Zuhören unsere Ehrerbietung zeigen, denn wir würden seine Worte ganz gewiß nicht in Frage stellen, beurteilen oder an ihrer Wahrheit zweifeln.

Leider aber zeigen wir nur selten solchen Respekt voreinander. Der fehlende Respekt klingt nur allzu häufig aus unseren Worten. Hier vier Beispiele respektlosen Verhaltens im Gespräch mit unseren Partnern:

- *Wir korrigieren die Wahrnehmung des anderen.* Im wesentlichen sagen wir damit: „Du weißt ja gar nicht, wovon du sprichst." *Der Partner sagt:* „Ellen ist einfach zu faul. Deshalb bekommt sie nie rechtzeitig ihre Aufgaben fertig."
  Der andere erwidert: „So ein Blödsinn! Wie kommst du darauf? Ellen ist überhaupt nicht faul. Sie hat einfach zuviel anderes am Hals. Das ist alles."
- *Wir sind anderer Auffassung und widersprechen, anstatt uns für die Meinung des Partners zu interessieren.*
  Der Partner sagt: „Tom hat heute am Arbeitsplatz erzählt, wie wirksam Vitamine sein können, sogar bei der Krebsvorbeugung."
  Der andere erwidert: „So ein Quacksalber! Erzähl mir nur nicht weiter. Ich will nichts davon hören."
- *Wir antworten mit einer Phrase.*
  Der Partner sagt: „Die Statistiken machen mir angst. Was ist, wenn Kerstin im Gymnasium auch schwanger wird?"
  Der andere erwidert: „Du hast es wohl noch nicht gelernt, wirklich dem Herrn zu vertrauen."
- *Wir lenken die Unterhaltung auf uns selbst und unsere Anliegen, bevor wir Interesse an den Problemen unseres Partners zeigen.* Wer den anderen achtet, hört ihm zu, weil er ihn verstehen, nicht weil er selbst reden will.
  Der Partner sagt: „Stell dir vor, meine Chefin wird Großmutter. Seit drei Jahren versucht ihre Tochter, schwanger zu werden. Die ganze Familie ist aus dem Häuschen."
  Der andere erwidert: „Wie schön. Hast du schon gehört, daß bei Anne und Bob in zwei Monaten Nachwuchs kommt?"

Dem anderen Ehre erweisen klingt in der Theorie ganz einfach, in der Praxis ist es aber ungeheuer schwierig. Falls wir unserem Partner mit Ehrerbietung begegnen wollen, müssen wir ihn so behandeln, wie wir Jesus behandeln würden.

So wird Ihre Ehe gefestigt und vertieft

1. Wie ehren Sie Ihren Partner? Durch Ihre
   – Aufmerksamkeit?
   – Zeit?
   – eine Haltung der Vorfreude?
   Wenn ja, nennen Sie ein Beispiel. Wenn nicht, dann überlegen Sie, was Ihnen davon am schwersten fallen würde. Sprechen Sie über Ihre Antworten.

2. Wie zeigen Sie am ehesten, daß Sie keine Achtung vor Ihrem Partner haben? Warum?
   Sie...
   – korrigieren die Wahrnehmung des anderen.
   – sind anderer Auffassung und widersprechen.
   – antworten mit einer Phrase.
   – lenken die Unterhaltung auf sich selbst und Ihre Anliegen, bevor Sie Interesse an den Problemen Ihres Partners zeigen.

3. Überlegen Sie sich jeder eine „respektvolle Antwort" auf die folgenden vier Sätze und lesen Sie sich Ihre Antworten vor.
   a) Der Partner sagt: „Ellen ist einfach zu faul. Deshalb bekommt sie nie rechtzeitig ihre Aufgaben fertig."
   Sie antworten: ______________________________

b) Der Partner sagt: „Tom hat heute am Arbeitsplatz erzählt, wie wirksam Vitamine sein können, sogar bei der Krebsvorbeugung.“
Sie antworten: ______________________________

c) Der Partner sagt: „Die Statistiken machen mir angst. Was ist, wenn Kerstin im Gymnasium auch schwanger wird?“
Sie antworten: ______________________________

d) Der Partner sagt: „Stell dir vor, meine Chefin wird Großmutter. Seit drei Jahren versucht ihre Tochter, schwanger zu werden. Die ganze Familie ist aus dem Häuschen.“
Sie antworten: ______________________________
(Unsere Vorschläge finden Sie unten.)

4. Unterhalten Sie sich über die Antworten, die Sie gegeben haben. Bewerten Sie Ihre Antworten mit einer Zahl zwischen 1 und 5 (1 ist sehr abwertend, 5 sehr respektvoll).

5. Vergleichen Sie Ihre Antworten mit den Vorschlägen auf der vorhergehenden Seite.

6. Stellen Sie einander die folgende Frage: Hast du das Gefühl, daß ich dich respektvoll behandle? Wenn nicht, würde ich gern wissen, warum, damit ich mein Verhalten entsprechend ändern kann.

Ehrerbietung ganz praktisch

„Einer komme dem andern mit Ehrerbietung zuvor.“

(Römer 12,10)

Aufgabe der Woche:
Bitten Sie Ihren Partner darum, es Ihnen in Zukunft jedesmal möglichst freundlich und unter vier Augen mitzuteilen, falls er das Gefühl hat, Sie würden ihn nicht genug achten.

Antwortvorschläge:

a) „Der Gedanke ist mir noch nie gekommen. Warum meinst du, Ellen sei faul?“

b) „Das ist interessant. Zur Zeit kann man viel davon lesen, welche Bedeutung Vitamine und Kräuter in der Medizin haben.“

c) „Ich wollte nicht darüber reden, aber ich habe mir auch schon darüber Gedanken gemacht. Ich möchte sie wirklich dem Herrn anvertrauen, aber es fällt mir schwer.“

d) „Oh, wie schön! Das freut mich aber für sie! Sie ist bestimmt eine phantastische Großmutter.“

Treue...

sagt: „Ich will", bildet ein Team,
gibt, anstatt zu nehmen,
übt gedankliche Disziplin
und ***hält am anderen fest***

Sind wir erst einmal verheiratet, müssen wir uns immer wieder ins Gedächtnis rufen, daß die Familie nur zur Trauung und der anschließenden Hochzeitsfeier eingeladen war. Sie soll nicht die Zukunft mit uns teilen.

In 1.Mose 2,24 heißt es: „Darum wird ein Mann seinen Vater und seine Mutter verlassen und seinem Weibe anhangen, und sie werden sein ein Fleisch." Dazu schreibt Ed Wheat: „Gott gab Adam zwei Gebote, und eins davon lautet, daß die Verwandtschaft nicht mitgeheiratet wird... Bei der Eheschließung wird eine völlig neue soziale Einheit begonnen."[4]

Beide Partner müssen ihre Eltern verlassen, damit die Bindung an den anderen wirklich Priorität haben kann; sie müssen ihr Heim verlassen, um ein neues einzurichten; sie müssen sich von allen anderen lösen, damit sie einander für ein ganzes Leben „anhangen" können.

Natürlich wird das Band der Liebe, das uns mit unseren Eltern verbindet, nie zerreißen; aber wir lösen uns aus ihrer Kontrolle. Das ist manchmal so, wie wenn wir einen Knoten in einer feinen Goldkette lösen wollen. Wir möchten die Kette nicht zerreissen, aber wir müssen den Knoten entfernen. Und das ist leichter gesagt als getan.

Myron und ich denken noch immer gern an unser liebstes Weihnachtsfest zurück, mit dem wir in der Verwandtschaft auf allgemeine Ablehnung gestoßen waren. Wir hatten nämlich nicht am traditionellen Familientreffen teilgenommen, sondern hatten die Weihnachtswoche allein in einer entlegenen Berghütte verbracht mit einem dickbäuchigen Ofen, der uns wärmte, einem Brunnen vor dem Haus, an dem wir unser Wasser holten, einer Toilette am Hintereingang, auf der man herrlich die Zeitung lesen konnte, und das alles in einem wunderbaren Skigebiet. Die Freude darüber, das Zusammensein in dieser abgelegenen Hütte in den Bergen genießen zu können, wog alle familiären Mißstimmungen auf.

Weil wir selbst entscheiden, was für uns das Beste ist, wird die Familie sicher hin und wieder die Nase rümpfen oder uns Vorhaltungen machen. Das sollte uns dazu bewegen, noch enger zusammenzuhalten, uns an den Händen zu fassen und den Angriffen der Familie gemeinsam zu trotzen.

Die folgenden Tips können Ihnen für die Beziehung zu Ihrer Verwandtschaft vielleicht eine Hilfe sein.

So können Sie Ihre Verwandtschaft gewinnen

1. Zeigen Sie den einzelnen Familienmitgliedern, daß Sie sie nicht vergessen. Schreiben Sie Ihnen einen kurzen Gruß, einen Glückwunsch, rufen Sie an, schicken Sie eine Einladung zum Essen, zu einem Konzert usw.
2. Danken Sie für jeden guten Rat, auch für ungebetenen. Es kann nie schaden, aufmerksam zuzuhören, zu lächeln und für einen Tip zu danken, obwohl Sie ihn anschließend vergessen (es sei denn, er ist Ihnen wirklich von Nutzen).
3. Bitten Sie die Familie um ihre Meinung zum bevorstehenden Umzug, zum Hauskauf, zur Wahl der Gemeinde, zum Berufswechsel usw. Zeigen Sie sich als guter Zuhörer und versuchen Sie, die anderen zu verstehen. Das heißt nicht, daß Sie auch zustimmen müßten. Die Familie wird jedoch weniger gegen eine Veränderung in Ihrem Leben einzuwenden haben, wenn Sie sich die Zeit nehmen, ihre Meinung anzuhören. (Im andern Fall müssen Sie damit rechnen, daß Sie den Groll noch lange Zeit in kleinen Portionen zu spüren bekommen.)
4. Danken Sie den Schwiegereltern per Telefon, per Brief oder im direkten Gespräch für den wunderbaren Partner, den sie Ihnen geschenkt haben.
5. Hüten Sie sich davor, die Schwiegereltern zu kritisieren, weil Ihr Partner sich dabei leicht selbst angegriffen fühlt. Bemühen Sie sich darum, Ihrem Partner gegenüber nette Worte über seine Eltern zu finden.

Fünf Tips, wie Sie sich behaupten können

1. Nehmen Sie nur Geldgeschenke an, an die keine Bedingungen geknüpft sind. Eltern, die Geld leihen, möchten manchmal Einblick in die gesamte finanzielle Situation haben.
2. Reden Sie vor anderen Familienmitgliedern immer nur positiv über Ihren Ehepartner und lassen Sie es nicht zu, daß andere den Menschen, den Sie lieben, in Ihrer Gegenwart kritisieren.
3. Gibt es in Ihrer Beziehung Probleme, so suchen Sie Rat bei einem Fachmann, aber nie bei der Familie oder Freunden. Was sich in Ihrer Privatsphäre abspielt, gehört nicht in die Öffentlichkeit.
4. Stellen Sie sich nie auf die Seite Ihrer Eltern und gegen Ihren Partner.
5. Richten Sie Ihr Haus oder Ihre Wohnung gemeinsam mit dem Partner ein. Wenn Sie die Wohnungseinrichtung kaufen, dann lassen Sie Mütter, Schwestern und andere Hobbydekorateure der Familie zu Hause. Wie die Wohnung Ihrer Eltern eingerichtet war, ist für Sie kein Maßstab.

So wird Ihre Ehe gefestigt und vertieft

Stellen Sie Ihrem Partner die folgenden Fragen und bemühen Sie sich, ihn zu verstehen. Es geht nicht darum, ob Sie seine Meinung teilen oder nicht.

1. Hast du das Gefühl, du wärst in meinem Leben die Nummer eins? Wenn ja, was tue ich dafür? Wenn nein, was soll ich tun, damit du es in Zukunft bist?

2. Hast du das Gefühl, ich hätte mich von meiner Familie gelöst und sie sei mir nicht mehr so wichtig wie unser eigenes, gemeinsames Leben? Wenn nicht, was kann ich tun, damit es in Zukunft so wird?
3. Hättest du es gern, daß ich mich noch fester an dich binde? Wie?
4. Welchen der fünf Schritte, um die Verwandtschaft zu gewinnen, könnten wir ausprobieren, um das Verhältnis zu unserer Familie zu verbessern?
5. An welchem der fünf Punkte müssen wir noch üben, damit wir uns besser behaupten können und ein ausgewogenes Verhältnis finden?

Treue ganz praktisch

„Ein Mann wird seinen Vater und seine Mutter verlassen und mit seiner Frau leben. Die beiden werden dann für immer zusammengehören."

(Epheser 5,31 Hoffnung für alle)

Aufgabe der Woche:
Melden Sie sich bei Ihren Schwiegereltern einmal einfach so, um ihnen zu danken, daß sie Ihren Partner zur Welt gebracht und großgezogen haben.

Gesprächsbereitschaft...

hört zu, stellt Fragen, wählt Worte, die helfen, ist für den anderen da und ***bringt Verständnis auf***

Die Kommunikation zwischen Mann und Frau funktioniert solange, wie wir daran denken, daß Gefühle neutral sind und weder gut noch schlecht, weder falsch noch richtig.

Ärger oder Wut zum Beispiel ist an sich nichts Böses. Wut kann der Auslöser sein, daß wir eine Bürgerinitiative zum Kampf gegen die Gewalt ins Leben rufen. Sie kann aber auch bewirken, daß wir uns an anderen Menschen versündigen und sie beschimpfen, die Tür hinter uns zuknallen, nicht mehr mit ihnen reden wollen, oder daß wir Gott aus unserem Leben verbannen.

Doch wenn wir begriffen haben, daß Gefühle etwas Neutrales sind, können wir lernen, Dialoge zu führen. In seinem Buch *The Secret of Staying in Love* bezeichnet John Powell den Dialog als das Mitteilen von Gefühlen und Empfindungen, im

Gegensatz zur Diskussion, bei der wir Gedanken, Wertvorstellungen, neue Ideen, Pläne und anderes auf eher verstandesmäßiger Ebene mitteilen. Er betont mit Nachdruck, daß unseren Entscheidungen immer ein Dialog vorausgehen muß, denn „ein Unterbau von ungelösten und unausgesprochenen Gefühlen ist ein Hindernis für jeden offenen, ungezwungenen Austausch, der zu Plänen und Entscheidungen führen soll“.[5] Dialogfähigkeit kann und sollte man lernen, denn „wo die Liebe oder die Kommunikation zusammenbricht, liegt immer ein emotionales Problem zugrunde“.[6]

Unterschiedliche Meinungen allein können die Liebe nicht hindern, es sei denn, einer von uns oder beide fühlen sich durch die Meinung des anderen gefühlsmäßig bedroht. Nach Powell geht es beim Dialog nicht unbedingt darum, Harmonie herzustellen. Ein Dialog kann schwierig und schmerzvoll sein. Doch wollen wir Pläne machen, ohne daß es darüber zum Krieg kommt, dann ist der Dialog der Schlüssel zur Offenheit. Zum Dialog gehört:
- Ehrlichkeit, obwohl wir uns durch Lügen oder Verstellung lieber selbst schützen wollen.
- das Preisgeben von Gefühlen, die wir lieber ignorieren würden.
- die Aussprache, statt uns schmollend zurückzuziehen.
- daß wir zu unangenehmen Gefühlen stehen, auch wenn wir lieber dem anderen die Schuld dafür zuschieben würden.
- daß wir über Gefühle reden, obwohl wir uns lieber an die Tatsachen halten würden.

Ist ein Dialog die Mühe wert? Ja! Unsere Gefühle sind wie der Fingerabdruck oder unsere DNA – einmalig. Wie also können wir einander richtig kennen, wenn wir nicht hin und wieder einmal tiefer graben und ein Gefühl zur Sprache bringen und miteinander darüber reden?

Was antworten wir, falls ein Partner erklärt: „Bei deinen Eltern komme ich mir immer vor wie ein Elefant im Porzellanladen. Alles wirkt so kostbar und zerbrechlich, und ich bin so groß und schwerfällig"?

- *Beharren wir darauf, daß der andere unrecht hat?* „Du weißt genau, daß meine Eltern dich gern haben. Wir sind bei ihnen immer willkommen."
- *Versuchen wir, dem anderen deshalb Schuldgefühle einzureden?* „Du bist unmöglich! Wie willst du je mit meinen Eltern zurechtkommen, wenn du so denkst?"
- *Kritisieren oder verurteilen wir ihn?* Indem wir sagen: „Das ist das Dümmste, was ich von dir bis jetzt gehört habe", geben wir dem anderen zu verstehen, daß mit ihm etwas nicht in Ordnung ist.
- *Akzeptieren wir die Gefühle unseres Partners?* „Da fällt es dir bestimmt schwer, länger als eine Stunde bei meinen Eltern zu bleiben.

Beim Dialog geht es ausschließlich darum, den anderen zu verstehen, nicht darum, wer recht behält, und auch nicht darum, zu einer Entscheidung zu gelangen. Vielleicht müssen wir uns sogar manchmal eine Hand vor den Mund halten, damit wir einander nicht zu oft unterbrechen, korrigieren oder Fragen stellen. Wenn wir dann meinen, wir hätten genau verstanden, was der andere uns sagen will, dann wenden wir den Test an, den wir schon früher geübt haben – wir stellen eine Frage, die dem Sprechenden zu erkennen gibt, was wir meinen, verstanden zu haben. Im Grunde fragen wir damit: „Habe ich es so richtig gehört?"

So wird Ihre Ehe gefestigt und vertieft

1. Entscheiden Sie sich, wer von Ihnen der „Zuhörer", wer der „Sprecher" sein soll. Stellen Sie einen Kurzzeitwecker auf drei Minuten ein.
2. Der „Redner" wählt ein Thema, das in der letzten Zeit zu Auseinandersetzungen zwischen Ihnen geführt hat (vielleicht ging es um den Besuch eines bestimmten Familienmitglieds, um Geld, Sex, die Aufgabenverteilung im Haushalt, den Kauf eines neuen Autos anstatt der teuren Vorhänge, die Kindererziehung usw.). Er spricht drei Minuten lang und erklärt: „Ich empfinde *Gefühl*, wenn du *das Problem* erwähnst, weil *Erklärung, warum er so reagiert.*"
   Hinweis: Der „Zuhörer" schweigt nicht nur, er achtet auch auf seine Körpersprache: er beugt sich vor, nickt, sucht den Blickkontakt, bemüht sich, nicht die Stirn zu runzeln, sondern freundlich zu blicken usw.
3. Wenn der Wecker klingelt, hakt der Zuhörer nach: „Stimmt es, daß du ________, wenn ich ________, weil ________?"
4. Fühlt der Redner sich mißverstanden, dann führen Sie den Dialog fort, bis der Redner die Wiedergabe des Gesagten durch den Zuhörer als korrekt empfindet. Nun tauschen Sie die Rollen und wiederholen die Übung!
5. Nehmen Sie sich, wenn möglich, nach der Übung noch Zeit füreinander. Machen Sie einen ausgedehnten Spaziergang und halten Sie sich an den Händen, oder machen Sie es sich im Bett gemütlich und lassen Sie leise Hintergrundmusik laufen. Streicheln und liebkosen Sie sich, bis alle unangenehmen Gefühle, die durch die Übung in Ihnen aufgestiegen sind, zur Ruhe kommen.

Verstehen ganz praktisch

„Wir wollen an der Wahrheit des Evangeliums festhalten. Und durch die Liebe soll all unser Glauben und Handeln sich immer mehr an Christus ausrichten.“

(Epheser 4,15 Hoffnung für alle)

Aufgabe der Woche:
Vereinbaren Sie eine Zeit, in welcher der Zuhörer jeweils erklären kann, was beim Zuhören in ihm vorging. Folgen Sie dabei den Anweisungen, die in der Lektion gegeben wurden.

Dann nehmen Sie sich Zeit, um eine Entscheidung zu treffen. Fangen Sie damit an, daß Sie gegenseitig wiederum überprüfen, ob Sie die Gefühle des anderen auch wirklich richtig verstanden haben. Überlegen Sie, welche Möglichkeiten es gibt, das angesprochene Problem zu lösen, und versuchen Sie, zu einer Einigung zu kommen. *(Vielleicht helfen Ihnen dabei die Vorschläge von Woche 30.)* Wenn es Ihnen nicht gelingt, eine Entscheidung zu treffen, machen Sie eine Pause und beginnen Sie von vorn.

Konfliktbewältigung...

trifft Entscheidungen, lebt in der Gegenwart, klagt nicht an, zieht sich nicht zurück und ***läßt Schutzmechanismen fallen***

Zwei Wege trennten sich im Wald, und ich -
ich nahm den, der weniger begangen war,
und das war der entscheidende Unterschied.

Robert Frost, *„Die nichtgewählte Straße"*

Erinnern Sie sich noch daran, daß es nur zwei mögliche Reaktionen auf Konflikte gibt? Entweder wir ziehen uns zurück und schützen uns vor dem Schmerz, oder wir gehen auf den anderen zu und bemühen uns, den Partner und uns selbst besser zu verstehen.

Sobald wir die Waffen, die wir zu unserer Selbstverteidigung brauchen, niederlegen, kommen wir uns unter Umständen so vor, als hätte uns ein überraschender Besuch nackt im Wohnzimmer ertappt. Doch wir müssen versuchen, unsere Selbstschutzmechanismen loszulassen, wenn uns an größerer Nähe in unserer partnerschaftlichen Beziehung liegt.

Selbstschutz ist ein Beziehungsstil, bei dem wir einerseits den Kontakt zum anderen suchen, uns aber gleichzeitig bemühen, Schmerz, Traurigkeit, Unsicherheit, Angst, Enttäuschung und Unbehagen von uns abzuwehren. Wir manipulieren den anderen und versuchen, sein Verhalten so zu steuern, daß es für uns nicht bedrohlich wird.

Vielleicht fragen wir: „Aber ist es nicht nur vernünftig, wenn wir uns vor hinderlichen, unangenehmen Gefühlen und Schmerzen schützen wollen?“ Das Problem besteht darin, daß wir nicht gleichzeitig offen und auf unseren eigenen Schutz bedacht sein können. Falls wir uns selbst schützen, dann

– klammern wir die Liebe aus.
- weigern wir uns, Verantwortung für unser eigenes Fühlen und Handeln zu übernehmen: „Du machst mich wütend!“
– schiebe ich dem anderen die Schuld zu, lenke ich von mir selbst ab und kann mich selbst vor unangenehmen Gefühlen schützen.
– gehen wir allen Fragen aus dem Weg, deren Beantwortung mehr von uns offenbaren würde, als wir zu zeigen bereit sind. Damit bewegen wir uns am Rande der Lüge, anstatt in Liebe die Wahrheit zu sagen.
– geht es uns vor allem darum, nachzuweisen, daß der andere im Unrecht ist. Dazu benutzen wir Drohungen, Schweigen, Wutausbrüche, Anschuldigungen, Schreikrämpfe, Kritik, Beschwerden, Sarkasmus, Lügen und Moralpredigten.

Der Psychologe und Autor Larry Crabb sagt dazu: „Liebe ist das Wesensmerkmal von Reife, und das Wesen der Liebe liegt wiederum im Verzicht auf den Schutz der eigenen Person beim Umgang mit anderen“, weil er „einen Makel auf all unseren Bemühungen“ hinterläßt. Er „formt den Stil unserer Beziehungen so, daß sie unserem Schutzbedürfnis dienen.

Ein Großteil unserer höflichen Gespräche und netten Gemeinschaft ist kaum mehr als das Zusammenspiel zweier Schutzmechanismen... Die schützenden Schichten aus Freundlichkeit und wohldosiertem Engagement dienen dazu, uns die Berührung mit dem Schmerz früherer Enttäuschungen zu ersparen. Wir alle wurden schon im Stich gelassen. Das tat weh. Und deshalb sind wir fest entschlossen, das nicht noch einmal durchzumachen. Wir versuchen nun, aus sicherer Entfernung zu lieben. Das ist jedoch unmöglich."[7]

Was halten Sie zum Beispiel von diesem Ehepaar? Die Frau sehnt sich nach Liebe und Bewunderung. Sie tut alles, um anderen zu gefallen. Sie geht völlig in der Gemeindearbeit auf. Ihre Freunde sind vor allem die Menschen, die sie seelsorgerlich berät. So schützt sie sich vor Ablehnung. Sie fühlt sich nur wohl, wenn sie weiß, daß die anderen sie brauchen. Nur selten sitzt sie still.

Beim Fernsehen muß sie stricken. Mit ihrer Geschäftigkeit wehrt sie sich gegen zu große Nähe. Ihr Mann ist ein ruhiger, freundlicher Mensch. Er schwärmt von seiner Frau. Doch auch er läßt niemanden zu nahe an sich herankommen; er ist zurückhaltend und hat keine echten Freunde. Seine Angst vor Versagen versteckt er hinter seinem stillen, unverbindlichen Verhalten. Diese Angst, versagen zu können, spielt manchmal bis in die körperliche Liebe hinein. Zuflucht findet er bei seinen Büchern und Zeitungen. Es fällt ihm schwer, einen anderen direkt um etwas zu bitten. Sehen Sie, wo dieses Paar mit der Selbstverteidigung aufhören und die Waffen strecken muß, um sich dem anderen öffnen zu können?

Dieses Ehepaar waren wir vor zehn Jahren. Weil wir uns nach größerer Nähe sehnten, haben wir allmählich die Waffen niedergelegt. Wir haben uns für den Weg entschieden, der nicht so häufig begangen wird, den Weg, auf dem wir einander und uns selbst immer besser verstehen und kennenlernen können.

So wird Ihre Ehe gefestigt und vertieft

1. Nehmen Sie sich fünf Minuten Zeit und beantworten Sie unabhängig voneinander die folgenden Fragen und Aussagen:
   - Wie versuchen Sie, sich selbst zu schützen?
   - Welche Unsicherheit verbirgt sich hinter Ihrem Selbstschutz?
   - Über welche Selbstschutzmechanismen könnten Sie offen mit Ihrem Partner reden?
   - Nennen Sie einige dieser Mechanismen, die Sie gern aufgeben würden.

2. Nun tauschen Sie Ihre Notizen mit Ihrem Partner aus. Lesen Sie durch, was er geschrieben hat, und danken Sie ihm zunächst dafür, daß er Ihnen soweit vertraut, Sie seine Gedanken lesen zu lassen. Wenn Sie Ihren Partner zu seinen Notizen etwas fragen wollen, dann achten Sie darauf, daß Ihre Frage nicht vorwurfsvoll oder irgendwie wertend klingt, sondern nur einen Grund hat: Sie wollen den Menschen, den Sie lieben, noch besser verstehen.

Konfliktbewältigung ganz praktisch

„Die Liebe ist langmütig und freundlich,
die Liebe eifert nicht, die Liebe treibt nicht Mutwillen,
sie bläht sich nicht auf, sie verhält sich nicht ungehörig,
sie sucht nicht das Ihre, sie läßt sich nicht erbittern,
sie rechnet das Böse nicht zu, sie freut sich nicht über die
Ungerechtigkeit, sie freut sich aber an der Wahrheit;
sie erträgt alles, sie glaubt alles, sie hofft alles,
sie duldet alles."

(1.Korinther 13,4-7)

Aufgabe der Woche:
Legen Sie Ihre Waffen nieder. Scheint das schwer? Es ist es auch. Wir selbst wissen oft nicht einmal, auf welche Weise wir versuchen, uns selbst zu schützen. Gott aber kennt unser Herz. Bitten Sie ihn, daß er Ihnen zeigt, wo Sie sich selbst verteidigen.

Vergebungsbereitschaft...

kommt dem anderen entgegen,
faßt einen Entschluß, zeigt Einsicht,
spricht den anderen frei
und ***begnadigt***

Vergebung ist wie ein großes Stoppschild, vor dem die Ehepartner stehenbleiben und einander in Demut den Vortritt lassen. Der eine bekennt: „Ich brauche deine Vergebung", und der andere spricht den Partner mit den mutmachenden Worten: „Ich verzeihe dir" von aller Schuld frei.

Vergeben ist jedoch nicht einfach. Vergebung ist ein Prozeß, ein innerlicher Vorgang, bei dem wir auf Gottes Gnade angewiesen sind.

Oft stellen wir mit Überraschung fest, daß in unserem Herzen immer noch der Zorn sitzt, obwohl wir unserem Partner vergeben haben. Wir sind in Gedanken auf dem Richterstuhl sitzen geblieben, und der Schuldspruch lautet noch immer: „Schuldig der hochgradigen Beleidigung meines Ichs."

In solchen Augenblicken können wir nichts anderes tun, als uns an Gott zu wenden. „Ich komme nicht weiter. Bitte vergib du mir. Mir fehlt die Gnade."

Der Apostel Petrus, der mit seiner aufbrausenden, ungezügelten Art zu kämpfen hatte, kannte dieses Problem. Er mahnt darum: „Wachset in der Gnade und Erkenntnis unseres Herrn Jesus Christus" (2.Petrus 3,18). Dieser Vers hält uns zwei Wahrheiten vor Augen:

- Gnade ist ein Prozeß, keine einmalige Angelegenheit. Sie muß wachsen.
- Gnade ist kein Gefühl, sondern sie wird uns von Gott gegeben, damit wir unserem Partner vergeben können.

Im biblischen Sinne bedeutet Gnade, daß wir dem Ungeliebten unsere Liebe schenken, dem Nachtragenden vergeben, mit dem Unbarmherzigen barmherzig sein können. Mit anderen Worten, Gnade bedeutet, daß wir dem anderen gerade dann vergeben, wenn er es am wenigsten verdient hat, so wie Jesus Christus uns begnadigt und uns Vergebung und ewiges Leben schenkt, das wir uns nie selbst verdienen könnten. Jemand hat einmal gesagt: „Alles, was über die Hölle hinausgeht, ist mehr, als wir verdienen."

Die wahre Geschichte von Schamel, einem Russen aus dem neunzehnten Jahrhundert, kann uns helfen zu begreifen, wie großzügig Gott dem Sünder begegnet.

Schamel war der Anführer einer Gruppe von Aufständischen, die gegen das Unterdrückerregime der Zaren kämpften. Mit seinen Kämpfern zogen auch Frauen, Kinder und Viehherden – eine ganze kleine Welt, deren Überleben davon abhing, daß man einander vertrauen und auf den anderen zählen konnte.

Eines Tages entdeckte man, daß im Lager gestohlen wurde. Schamel erließ ein Gesetz: „Du sollst nicht stehlen" und setzte eine Strafe fest: „Jeder, der beim Stehlen erwischt wird, erhält öffentlich einhundert Peitschenhiebe." Ein paar Tage später wurde der Dieb gefaßt und zur Vollstreckung des Urteils zu Schamel geführt. Der Dieb war seine Mutter.

Wurde das Gesetz in seiner kleinen Welt nicht eingehalten, mußte Schamel damit rechnen, daß die Anarchie ausbrach. Doch der Gedanke, seine Mutter auszupeitschen, war unvorstellbar. Drei Tage und Nächte rang Schamel um eine Lösung, bevor er aus seinem Zelt trat und seinen Spruch verkündete: „Das Gesetz gilt. Die Strafe muß bezahlt werden. Ich werde die hundert Peitschenhiebe für meine Mutter auf mich nehmen."

Genauso wie Schamels Auspeitschung deutlich machte, wie groß das Vergehen seiner Mutter war und wie hoch der Preis der Vergebung für ihren Sohn, so zeigt das Kreuz von Golgatha, wie schwer meine Sünde ist und was es Gott gekostet hat, mir zu vergeben.

Unsere Weigerung, einem anderen zu vergeben, bedeutet, daß wir Christus noch einmal ans Kreuz nageln. Wir verhärten unser Herz und erkennen nicht, welchen Preis er ja bezahlt hat, um uns zu vergeben.

Nur wenn wir begreifen, was seine Gnade bedeutet, können wir einander begnadigen und Vergebung schenken.

So wird Ihre Ehe gefestigt und vertieft

1. Lesen sie laut die folgenden Bibelverse.
   „Er handelt nicht mit uns nach unseren Sünden und vergilt uns nicht nach unseren Missetaten." (Psalm 103,10)
   „So fern der Morgen ist vom Abend, läßt er unsere Übertretungen von uns sein." (Psalm 103,12)

„Seid aber untereinander freundlich und herzlich und vergebt einer dem andern, wie auch Gott euch vergeben hat in Christus.“ (Epheser 4,32)

„Und ertrage einer den andern und vergebt euch untereinander, wenn jemand Klage hat gegen den andern; wie der Herr euch vergeben hat, so vergebt auch ihr!“ (Kolosser 3,13)

2. Was geht in Ihnen vor, wenn Sie daran denken, daß Christus an Ihrer Stelle am Kreuz starb, damit Ihnen vergeben werden kann?
3. In der Gnade zeigt sich der Reichtum Gottes auf Jesu Kosten. Wir empfangen den Reichtum der Vergebung aufgrund dessen, was Christus für uns am Kreuz getan hat, nicht wegen unserer eigenen Bemühungen. Können Sie den Gedanken, daß ein Christ wegen der Bedeutung des Kreuzes gar keine andere Wahl hat, als anderen auch zu vergeben, ohne weiteres nachvollziehen? Wenn nein, warum nicht?
4. Beten Sie laut das untenstehende kurze Gebet.

Gnade ganz praktisch

„Denn aus Gnade seid ihr selig geworden durch den Glauben, und das nicht aus euch: Gottes Gabe ist es, nicht aus Werken, damit sich nicht jemand rühme.“

(Epheser 2,8-9)

Aufgabe der Woche:
Beten Sie täglich: „Vater, bitte erfülle du mein Herz mit deiner Gnade, damit ich meinem Ehepartner vergeben kann, wenn es nötig ist. Amen.“

Emotionale Nähe...

öffnet sich, ist aufrichtig,
nimmt in die Arme, fühlt sich ein
und ***vertraut***

Sprüche 31 malt uns das faszinierende Bild einer Frau vor Augen, die das volle Vertrauen ihres Mannes besitzt. „Wem eine tüchtige Frau beschert ist, die ist viel edler als die köstlichsten Perlen. Ihres Mannes Herz darf sich auf sie verlassen, und Nahrung wird ihm nicht mangeln. Sie tut ihm Liebes und kein Leid ihr Leben lang...Sie tut ihren Mund auf mit Weisheit, und auf ihrer Zunge ist gütige Weisung" (Sprüche 31, 10-12.26). „Sie redet nicht gedankenlos, und ihre Anweisungen gibt sie freundlich." (Sprüche 31,26, Hoffnung für alle).

Was hat dieser Abschnitt Männern wie Frauen zu sagen? Zunächst einmal, *daß ein Partner, dem man vertrauen kann, dem oder der Geliebten alles gibt, was er oder sie braucht* (Vers 11). Wer würde nicht zu einem Partner nach Hause eilen, bei dem es ihm an nichts mangelt, der sein Bedürfnis nach Zugehörigkeit, nach Achtung, nach Fürsorge und Anteilnahme, nach

Zärtlichkeit, nach Worten der Liebe und intensiver Nähe erfüllt? Im Herzen eines solchen Partners würden wir uns schnell zu Hause fühlen.

Zweitens, *daß ein Partner, dem man vertrauen kann, dem anderen sein Leben lang helfend zur Seite steht* (Vers 12). John Powell sagt dazu: „In der Praxis bedeutet Liebe, daß ich willig und bereit bin, meine eigene Bequemlichkeit hintenanzustellen, meine Zeit zu opfern und selbst meine eigene Sicherheit aufs Spiel zu setzen, wenn ich damit bewirken kann, daß du dich sicher und geborgen, zufrieden und gefördert fühlst."[8] An der Seite eines Partners, der sich so für uns einsetzt, wächst das Vertrauen von selbst!

Drittens fragt ein Partner, dem man vertrauen kann, bevor er selbst etwas sagt: „Wäre das gedankenlos oder ist es freundlich?" (Vers 26). Wenn wir wissen, daß unser Partner nur freundlich mit uns redet, können wir es wagen, uns ihm anzuvertrauen. Völliges Vertrauen ist das feste, tröstliche Gefühl, zueinander zu gehören, nie daran zweifeln zu müssen, daß der andere für uns ist und nicht gegen uns. Vertrauen schenkt uns die Freiheit, voreinander offen, transparent und verletzlich zu sein; es macht uns fähig, ohne Furcht das folgende Gelöbnis auszusprechen:

Mein Liebling,
ich weiß, daß Gott selbst dich in seiner Hand hat und an dir arbeitet.
Es soll mein höchstes Ziel sein, dir zu geben, was du brauchst.
Ich will mit dir fühlen, dich trösten und dir helfen, wenn du leidest.
Ich will offen und in Liebe mit dir darüber reden, was ich brauche.
Ich will offen und in Liebe mit dir über die Dinge reden, die mich verletzen.

Ich will alles, was du mir anvertraust, vertraulich behandeln. Es ist unsere gemeinsame Wahrheit.[9]

William L. Coleman nennt drei einfache Gründe, wann ein Mann seiner Frau vertrauen kann:

- Sie tut seine Probleme nicht mit einem Schulterzucken ab.
- Ihre Liebe ist groß genug, daß sie ihn wirklich verstehen will.
- Was sie nicht versteht, das läßt sie trotzdem stehen.[10]

In welchen Punkten sollten wir unserem Partner vertrauen können, damit zwischen uns wirklich emotionale Nähe entstehen und wachsen kann? Sechs Dinge sollten wir wissen:

1. Ich kann immer zu dir kommen und über meine Gefühle reden, ohne daß du mich kritisierst.
2. Ich kann dir gegenüber ehrlich sein. Du wirst mich nicht herabsetzen, ignorieren, wegschicken oder demütigen.
3. Du weißt, was es mit den Gefühlen auf sich hat, deshalb fühlst du dich nicht bedroht, wenn ich mit dir über meine Gefühle rede, und hast keine Angst, damit umzugehen.
4. Du nimmst mich an, so wie ich bin, mit meinen Stärken und Schwächen. Ich muß mich nicht erst ändern, bevor du mich akzeptierst.
5. Ich darf meine Gefühle als ein Geschenk annehmen, mit dem Gott mein Leben bereichern will. Ich muß sie nicht leugnen oder unterdrücken, sondern darf es lernen, sie so auszudrücken, daß Gott damit geehrt wird und ich mich nicht von ihnen beherrschen lassen muß.
6. Wenn du mit mir über Gefühle redest, dann erwartest du von mir nur Verständnis und Mitgefühl und willst mich nicht dahingehend manipulieren, daß ich mich in einer bestimmten Weise verhalte.

So wird Ihre Ehe gefestigt und vertieft

Stellen Sie einander abwechselnd die folgenden Fragen:

1. Wie gut gelingt es mir, deine Bedürfnisse zu stillen? Dir eine wirkliche Hilfe zu sein? Immer freundlich mit dir zu reden?
2. Was hältst du davon, das Gelöbnis von der vorigen Seite nachzusprechen? Welche der sechs Verpflichtungen erscheint dir am schwierigsten?
3. Würden dir die drei Gründe, die William Coleman genannt hat, genügen, um dich mir gegenüber zu öffnen und mir deine geheimsten Gedanken und Gefühle anzuvertrauen? Wenn nicht, was würdest du außerdem von mir erwarten?
4. Hast du das Gefühl, daß bei den sechs Dingen, die wir voneinander wissen sollten, etwas angesprochen wird, was du von mir noch nicht so sicher weißt? Was kann ich tun, damit du mir auch in diesem Punkt besser vertrauen kannst?

Vertrauen ganz praktisch

„*Ihres Mannes* (seiner Frau) *Herz darf sich auf sie* (ihn) *verlassen, und Nahrung wird ihm* ihr *nicht mangeln.*“

(Sprüche 31,11)

Aufgabe der Woche:

Diese Lektion ist eine der wichtigsten des ganzen Buches. Sie enthält kürzere und längere Aufzählungen der Dinge, die nötig sind, damit in einer Ehe Vertrauen entstehen und wachsen kann. Überlegen Sie, welche Aufzählung Ihnen am wichtigsten erscheint, machen Sie sich täglich ein paar Gedanken dazu und reden Sie darüber mit Ihrem Partner beim Abendessen oder vor dem Zubettgehen.

Körperliche Nähe...

streichelt, wirbt um den anderen, genießt die sexuelle Erregung, teilt sich mit und ***sucht die Befriedigung des anderen***

Als Christen müssen wir uns vor der Playboy-Mentalität in Filmen und Büchern – die die sexuelle Manipulation verherrlicht –, und ihrer Philosophie – nämlich, daß Sex doch einfach Spaß mache – hüten. „Probier es mit jedem, der sich dir anbietet, tu es, sooft du kannst und wie du willst. Vor allem – befriedige mich jetzt!" Das versteht man heute unter „Spaß am Sex"!

Ein Problem dabei ist, daß das, was dem einen Spaß macht, für den anderen unter Umständen eine Qual ist. Ein manipulierender Ehemann verlangt von seiner Frau vielleicht, daß sie mit ihm in einer Form Sex treibt, die sie nicht mag, oder er erwartet, daß sie erst einmal abnimmt, damit ihr Körper ihm besser gefällt, oder daß sie endlich aufhört zu jammern und mit ihm schläft, sooft er Lust hat.

Eine manipulierende Frau verspricht vielleicht Sex, damit er weniger zum Fußball geht. Fragt man sie jedoch nach ihrem Sexualleben, fängt sie womöglich sofort an zu klagen, daß ihr Mann so gefühllos, so unromantisch ist, und lenkt damit von ihrer eigenen Unlust ab.

Vielleicht entschuldigt sie sich damit, daß sie zu müde sei für Sex, und deutet damit gleichzeitig an, daß sie wohl eher bereit wäre, wenn er ihr eine Putzfrau zahlen würde.

Wenn wir einen anderen manipulieren, um von ihm zu bekommen, was wir uns wünschen, sind wir auf dem direkten Weg zu innerer Leere. Die Freude am Sex ist nicht von langer Dauer, wenn wir den anderen Menschen nur dazu benutzt haben, uns Befriedigung zu verschaffen. „Wir versuchen die Menschen zu manipulieren, damit sie uns lieben. Wir wissen, daß unsere Einsamkeit nur durch die Liebe eines anderen gelindert werden kann. Wir wissen, daß wir Liebe brauchen. Das Paradoxe aber ist: *Wenn wir versuchen, die Leere zu füllen, finden wir keine Linderung, sondern nur noch größere Leere.*“[11]

Und was geschieht, wenn unsere Bemühungen scheitern? Manipulation ist wie eine Einbahnstraße, die zu Enttäuschung und Wut führt. Aber es gibt noch einen anderen Weg.

Wenn selbstsüchtiger Sex nur zu Frust und Zorn führt, gibt es laut Larry Crabb nur noch eine Möglichkeit, nämlich daß wir es aufgeben, den Partner zur Befriedigung unserer Bedürfnisse manipulieren zu wollen, und vielmehr versuchen, seinen Bedürfnissen zu dienen.[12]

Das Gegenteil von Manipulieren ist Dienen, und zwar auch während des Geschlechtsaktes – es geht uns nicht nur um den Körper des anderen, sondern auch um seine Seele und seinen Geist. Wer dienen will, der sagt: „Sexuelle Befriedigung erlebe ich nur, wenn ich dich befriedigen kann.“

Die Ehe ist ein Liebesdienst. Sie fragt nicht, was erhalte ich von dir, sondern wie kann ich zusammen mit dir am besten die Leidenschaft, Intimität und die Freuden des Einsseins erleben? Wenn es jedem von uns vor allem darum geht, dem anderen zu dienen, erleben wir selbst sexuelle Befriedigung nur dann, wenn der andere seelisch wie körperlich befriedigt wird.

So wird Ihre Ehe gefestigt und vertieft

1. Stellen Sie sich abwechselnd die folgenden Fragen. Sie zeigen Ihnen vielleicht ganz neue Wege zum Verständnis Ihrer sexuellen Beziehung.
   - Hattest du jemals das Gefühl, daß Groll, Angst oder Schuldgefühle dich daran hindern, echte Freude an der geschlechtlichen Vereinigung zu erleben? Warum?
   - Hattest du je das Gefühl, daß ich dich in irgendeiner Weise manipuliere, damit du meine sexuellen Wünsche erfüllst? Wenn ja, erkläre es bitte.

   Hinweis für den „zuhörenden" Partner: Es geht auch hier wieder um Gefühle, nicht um Fakten. Es geht nicht darum, den Partner zu kritisieren.
2. Überlegen Sie gemeinsam, was Sie tun könnten, um den sexuellen Bedürfnissen des Partners zu dienen, anstatt nur an sich selbst zu denken.
3. Die folgende Übung erledigen Sie wieder getrennt. Überlegen Sie, welche zehn Dinge Ihrer Meinung nach dazugehören müßten, wenn Sie den vollkommenen Liebesabend mit Ihrem Partner planen würden. Schreiben Sie auf, wie Sie gern umworben werden möchten, wie Sie und Ihr Partner sich auf das Liebesspiel vorbereiten würden,

welche Kleidung, wenn überhaupt, und welchen Duft Sie wählen, wie Sie sich das Vorspiel, die Zeit, den Ort, die Positionen, die Zeit danach usw. vorstellen würden.

4. Sie haben nun Ihre eigenen sexuellen Vorstellungen formuliert. Reden Sie mit Ihrem Partner darüber und ermutigen Sie ihn, Fragen zu stellen. Tauschen Sie dann Ihre Blätter aus, so daß jeder eine Erinnerung daran hat, was dem anderen gefällt.
   Hinweis: Hüten Sie sich davor, diese Listen dazu zu mißbrauchen, daß Sie einander manipulieren!

Körperliche Nähe ganz praktisch

„Ein jeder sehe nicht auf das Seine,
sondern auch auf das, was dem andern dient."

(Philipper 2,4)

Aufgabe der Woche:
Denken Sie darüber nach und beten Sie dafür, daß Sie Ihre Zielsetzung ändern können und es lernen, auf die Bedürfnisse des Partners einzugehen, anstatt sich selbst verwirklichen zu wollen.

Geistliches Leben...

segnet, sucht Gott, braucht ein Zuhause, wächst und ***währt ewig***

Als tausend Personen gefragt wurden: „Was ist nötig, damit eine Ehe Bestand hat?", lagen praktisch zwei Antworten auf dem ersten Platz: 1. Die Partner lieben sich; 2. Sie glauben an Gott.[13] Was heißt das: „Glauben an Gott"? Zwei Fragen können uns helfen, für uns selbst eine Antwort zu finden:

1. Sind Sie ganz sicher, daß Sie in den Himmel kommen würden, falls Sie heute sterben müßten? (Es gibt nur zwei mögliche Antworten: ja oder nein.) Bitte wählen Sie Ihre Antwort, bevor Sie Frage 2 lesen.
2. Wenn Sie heute sterben und in den Himmel kommen würden und Gott fragte Sie: „Warum sollte ich dich hereinlassen?", was würden Sie darauf erwidern? Schreiben Sie jeder Ihre Antworten auf:
   Frau: ____________________
   Mann: ____________________

Gott möchte uns die Gewißheit schenken, daß wir ewiges Leben haben. Im ersten Johannesbrief 5,13 erklärt der Apostel, warum er diesen Brief schrieb: „Das habe ich euch geschrieben, damit ihr wißt, daß ihr das ewige Leben habt, die ihr glaubt an den Namen des Sohnes Gottes."

Wir alle müssen, jeder für sich, an den Punkt kommen, wo wir sagen können: „Ja, ich weiß es, ich werde in den Himmel kommen."

Jede Antwort auf Frage 2, in der nicht vom Glauben an Jesus Christus die Rede ist, weist jedoch darauf hin, daß uns der erlösende Glaube noch fehlt. Wenn wir sagen: „Ich bin doch ein guter Mensch", „Ich bin mein ganzes Leben in die Kirche gegangen", „Ich habe die zehn Gebote gehalten" usw., dann zeigen wir damit, daß wir uns auf uns selbst verlassen und was wir von unserer Seite getan haben, um die Tür zum Himmel aufzustoßen. Falls wir aber glauben, daß Jesus für uns am Kreuz von Golgatha gestorben ist, vertrauen wir auf das, was er getan hat, nicht auf uns.

Stellen wir uns einmal vor, wir sollten eine ungeheuer tiefe, hundert Meter breite Schlucht überspringen. Auf der einen Seite des Abgrunds stehen alle Menschen, Männer, Frauen und Kinder, die je auf dieser Erde gelebt haben und noch leben werden. Sie alle müssen auf die andere Seite gelangen, wollen sie das ewige Leben haben. Schaffen sie es nicht, sind sie verloren. Sie meinen, sie müßten springen. Wie viele Angehörige der menschlichen Rasse könnten den hundert Meter breiten Abgrund überspringen? Nicht ein einziger!

Manche würden vielleicht ein bißchen weiter springen als andere, aber keiner würde hinüberkommen. Alle würden sie abstürzen. Und genauso ist es auch im geistlichen Leben. Der Abstand zwischen Gott und Mensch ist der Abstand zwischen

Vollkommenheit und Unvollkommenheit, zwischen Heiligkeit und Sünde, zwischen Leben und Tod.

Viele Menschen mühen sich ab, um diesen Abgrund zu überwinden. Alle Religionen, Philosophien und Moralsysteme sind im Grunde nichts anderes als Anleitungen, wie man ein besserer Weitspringer wird. Unser eigentliches Problem besteht aber darin, daß wir nicht die Kraft haben, so zu leben, wie wir meinen, daß wir es sollten. Keiner von uns ist gut genug, den Abgrund zu überspringen. Wir alle sind zum geistlichen Tod verdammt – der Trennung von Gott.

Aber das Evangelium – die gute Nachricht – lautet, daß Gott in Jesus Christus alles getan hat, was wir selbst nicht schaffen konnten. Mit seinem Kreuz hat er den Abgrund überbrückt. Warum sollten wir jetzt noch so töricht sein und uns im Springen üben, wenn wir über die Brücke von Golgatha in die Ewigkeit gehen können?

„Denn der Sünde Sold ist der Tod; die Gabe Gottes aber ist das ewige Leben in Christus Jesus, unserm Herrn" (Römer 6,23). Das ist die gute Nachricht des christlichen Glaubens: Gott bietet uns den Himmel als Geschenk an, weil Christus schon dafür bezahlt hat.

So wird Ihre Ehe gefestigt und vertieft

Reden Sie miteinander über Ihre Antworten auf die folgenden Fragen:

1. Haben Sie Christus je in Ihr Leben eingeladen?
2. Was geht Ihnen durch den Kopf, wenn Sie diese Frage hören?
3. Was empfinden Sie?

4. Finden Sie das Evangelium, die gute Nachricht, einleuchtend? Wenn ja, warum? Wenn nicht, inwiefern erscheint es Ihnen unlogisch?

Wir empfangen das ewige Leben, wenn wir Jesus Christus selbst aufnehmen. Er ist sowohl das Geschenk als auch der Schenkende; wir können das eine nicht ohne das andere haben.[14]

Geistliches Leben ganz praktisch

„Siehe, ich stehe vor der Tür und klopfe an. Wenn jemand meine Stimme hören wird und die Tür auftun, zu dem werde ich hineingehen und das Abendmahl mit ihm halten und er mit mir.“

(Offenbarung 3,20)

Aufgabe der Woche:
Denken Sie darüber nach, welchen Anspruch Christus auf Ihr Leben hat, und sprechen Sie dieses einfache Gebet: „Herr Jesus, ich will damit aufhören, mich auf mich selbst zu verlassen, und beginnen, auf dich zu vertrauen und auf das, was du getan hast, als du an meiner Stelle am Kreuz starbst. Ich weiß, daß ich ein Sünder bin. Ich wende mich von meiner Sünde ab und bitte um deine Vergebung. Ich lade dich ein, zu mir zu kommen und in mir zu leben. Ich möchte, daß du in meinem Leben das Wichtigste bist. Ich will alles daransetzen, in meinem Leben deinen Willen zu erkennen und dir zu gehorchen. Danke, Herr Jesus. Amen.“

Anmerkungen

Stufe Eins

1. Hal Larson, *If He Loves Me, Why Doesn't He Tell Me?* (San Francisco, Halo Books, 1994).
2. Ed Wheat, *Love Life for Every Married Couple* (Grand Rapids, Zondervan, 1980).
3. Cecil B. Murphey, *Devotions for Lovers* (Old Tappan, N.J., Revell, 1982).
4. H. Norman Wright, *Homemade 14,* Nr.11 (November 1990).
5. John und Linda Friel, *„The Little Things in Life",* in: Changes (Oktober 1993).
6. Diane Ackerman, *„Are You Made for Love?",* in: Parade (19. Juni 1994).
7. James Dobson, *Focus on the Family Bulletin 3,* Nr. 9 (Oktober 1990).
8. Ackerman, *„Are You Made for Love?".*
9. Charles Swindoll, *Homemade* 15, Nr. 1 (Januar 1991).
10. Harvey Mackay, *„Listen Up!",* in: Successful Meetings (Juli 1993).
11. Fay Bustanoby und Andre Bustanoby, *Just Talk to Me* (Grand Rapids, Zondervan, 1981).
12. O. Dean Martin, *Good Marriages Don't Just Happen, You Make Them Happen* (Old Tappan, N.J., Revell, 1984).
13. Dr. John Paul und Dr. Margaret Paul, *Do I Have to Give Up Me to Be Loved by You?* (Minneapolis, CompCare Publishers, 1983).
14. Murphey, *Devotions for Lovers.*
15. William L. Coleman, *What Makes a Marriage Last?* (San Bernardino, Calif., Here's Life Publishers, 1990).
16. Jay Kesler, *„Q & A",* in: Marriage Partnership (Winter 1993).
17. Dr. Virgil Satir, Homemade 14, Nr.6 (Juni 1990).
18. Gary Chapman, *Die fünf Sprachen der Liebe* (Verlag Francke Buchhandlung, 1994).
19. Murphey, *Devotions for Lovers.*
20. Marianne K. Hering, *„Believe Well, Live Well",* in: Family Policy Newsletter (Mai 1994), zitiert nach: Focus on the Family (September 1994).
21. Larson Mayo und Mary Ann Mayo, zitiert bei: Hering, „Believe Well, Live Well".
22. Ibid.
23. Louis H. Evans, *Your Marriage: Duel or Duet* (Old Tappan, N.J., Revell, 1974).

Stufe Zwei

1. Willard F. Harley, *Meine Wünsche - deine Wünsche* (Aßlar, 1995).
2. Chapman, *Die fünf Sprachen der Liebe.*
3. Kesler, *„Q & A"*.
4. J. Allan Peterson, *Homemade* 15, Nr. 12 (Dezember 1991).
5. James Dobson, *Focus on the Family Bulletin* 3, Nr.9 (Oktober 1990), erzählt nach: Dobson, *Straight Talk to Men and Their Wives.* Eine Geschichte von Dr. Richard Seizer.
6. Harley, *Meine Wünsche - deine Wünsche.*
7. Paul Tournier, *To Understand Each Other* (Richmond, Va., JohnKnox Press, 1967).
8. J. Allan Peterson, *Homemade* 16, Nr.7 (Juli 1991).
9. John Powell, *Why Am I Afraid to Tell You Who I Am?* (Niles, Ill., Argus Communications, 1969).
10. Ann Landers, *Richmond Times Dispatch,* 4.Oktober 1994.
11. Gary Smalley und John Trent, *Love Is a Decision* (New York, Pocket Books, Simon & Schuster, 1989).
12. C.S. Lewis, *Über die Trauer* (Zürich, Benziger, 1982).
13. Sheldon Vanauken, *Eine harte Gnade* (Gießen, Brunnen, 1980).
14. Lawrence J. Crabb, *In guten wie in bösen Tagen* (Basel, Brunnen, 1989).
15. Ibid.

Stufe Drei

1. J. Allan Petersen, *Homemade* 14, Nr.4 (Mai 1990).
2. Ann Landers, *Richmond Times Dispatch,* 25.Oktober 1994.
3. Lois Leiderman Davitz, *„Why Men Divorce",* in: McCall's, März 1987.
4. Carole Mayhall, *„Gifts You Can Give Your Marriage",* in: Today's Christian Woman, November/Dezember 1993.
5. Harley, *Meine Wünsche - deine Wünsche.*
6. Tim LaHaye, *How to Be Happy Though Married* (Wheaton, Ill., Tyndale, 1968).
7. Walter Wangerin Jr., *As for Me and My House* (Nashville, Nelson, 1990).
8. Ibid.
9. Fay Bustanoby und Andre Bustanoby, *Just Talk to Me.*
10. David Hocking und Carole Hocking, *Romantic Lovers* (Eugene,Oreg., Harvest House, 1982).
11. Ibid.
12. Coleman, *What Makes a Marriage Last?*

Stufe Vier

1. Paul Lee Tan, *Encyclopedia of 7700 Illustrations* (Chicago, R.R.Donnelley and Sons, 1979).
2. Gayle Roper, Who Cares? *Cultivating the Fine Art of Loving One Another* (Wheaton, Ill., Harold Shaw Publishers, 1992).
3. Smalley und Trent, *Love is A Decision.*
4. Alice Chapin, *400 Creative Ways to Say I Love You* (Wheaton, Ill., Tyndale, 1981).
5. Wheat, *Love Life.*
6. Gary Smalley, *The Joy of Committed Love* (Grand Rapids, Zondervan, 1982).
7. John Drescher, Homemade 14, Nr.4 (April 1990).
8. Dietrich Bonhoeffer, *Gemeinsames Leben* (München, Kaiser, 1973).
9. Judy Markey, *„The Secret Life of the American Wife"*, in: Woman's Day, 29. Mai 1991.
10. Alice Fryling und Robert Fryling, *A Handbook for Married Couples* (Downers Grove, Ill., InterVarsity Press, 1984).
11. Dean Ornish, M. D., *Stress, Diet and Your Heart* (New York, Holt, Rinehart & Winston, 1982).
12. John Powell, *The Secret of Staying in Love* (Niles, Ill., Argus Communications, 1974).
13. H. Norman Wright, *Communication: Key to Your Marriage* (Glendale, Calif., G/L Publications, 1974).
14. Cliff Penner und Joyce Penner, *„The Best Time to Talk about Sex"*, in: Marriage Partnership (Sommer 1992).
15. Wangerin, *As for Me.*
16. C. Penner und J. Penner, *„The Best Time".*
17. Wangerin, *As for Me.*
18. James C. Dobson, *Love for a Lifetime* (Sisters, Oreg., Multnomah, 1993).
19. Wheat, *Love Life.*
20. Dr. Willard F. Harley Jr., *Love Busters* (Grand Rapids, Revell, 1992).
21. Chapman, *Die fünf Sprachen der Liebe.*
22. John Powell, *Why Am I Afraid to Love?* (Niles, Ill., Argus Communications, 1972).
23. Larry Dossey, M. D., Healing Words: *The Power of Prayer and the Practice of Medicine,* zitiert nach: Hering, „Believe Well, Live Well".

Stufe Fünf

1. Roper, *Who Cares?*
2. Wangerin, *As for Me.*
3. Smalley und Trent, *Love Is a Decision.*
4. Wheat, *Love Life.*
5. Powell, *Staying in Love.*
6. Ibid.
7. Larry Crabb, *Von innen nach außen* (Basel, Brunnen, 1990).
8. Powell, *Staying in Love.*
9. David Ferguson et al., *The Pursuit of Intimacy* (Nashville, Nelson, 1993).
10. Coleman, *What Makes a Marriage Last?*
11. Powell, *Why Am I Afraid to Love?*
12. Crabb, *In guten wie in bösen Tagen* (Basel, Brunnen, 1989).
13. Coleman, *What Makes a Marriage Last?*
14. Ein besonderer Dank für das in dieser Lektion verwendete Material gilt Dr. Earl Morey, dem früheren Pastor an der St. Giles' Presbyterian Church in Richmond, Virginia, für seine Broschüre *„Share Your Faith"*, in der er Material von James Kennedys *Evangelism Explosion* verarbeitete.

Tafel A

Die zehn Kernbereiche der Ehe auf einen Blick

Bereich	**Stufe 1**	**Stufe 2**	**Stufe 3**	**Stufe 4**	**Stufe 5**
Liebe	redet	entdeckt	handelt	macht Mut	dient
Zweisamkeit	sucht den Blickkontakt	nimmt sich Zeit	pflegt gemeinsame Hobbies	sucht das Gespräch	schweißt zusammen
Anerkennung	bewundert	sucht das Gute	läßt unrealistische Erwartungen los	hört auf zu kritisieren	erweist dem anderen Ehre
Treue	sagt: „Ich will"	bildet ein Team	gibt, anstatt zu nehmen	übt gedankliche Disziplin	hält am anderen fest
Gesprächsbereitschaft	hört zu	stellt Fragen	wählt Worte, die helfen	ist für den anderen da	bringt Verständnis auf
Konfliktbewältigung	trifft Entscheidungen	lebt in der Gegenwart	klagt nicht an	zieht sich nicht zurück	läßt Schutzmechanismen fallen
Vergebungsbereitschaft	kommt dem anderen entgegen	faßt einen Entschluß	zeigt Einsicht	spricht den anderen frei	begnadigt
Emotionale Nähe	öffnet sich	ist aufrichtig	nimmt in die Arme	fühlt sich ein	vertraut
Körperliche Nähe	streichelt	wirbt um den anderen	genießt die sexuelle Erregung	teilt sich mit	sucht die Befriedigung des anderen
Geistliches Leben	segnet	sucht Gott	braucht ein Zuhause	wächst	währt ewig

Tafel B

Checkliste

Lektion	Datum	Sie	Er
Stufe Eins			
Woche 1 – Liebe *redet*			
Woche 2 – Zweisamkeit *sucht den Blickkontakt*			
Woche 3 – Anerkennung *bewundert*			
Woche 4 – Treue *sagt: „Ich will“*			
Woche 5 – Gesprächsbereitschaft *hört zu*			
Woche 6 – Konfliktbewältigung *trifft Entscheidungen*			
Woche 7 – Vergebungsbereitschaft *kommt dem anderen entgegen*			
Woche 8 – Emotionale Nähe öffnet sich			
Woche 9 – Körperliche Nähe streichelt			
Woche 10 – Geistliches Leben segnet			
Stufe Zwei			
Woche 11 – Liebe *entdeckt*			
Woche 12 – Zweisamkeit *nimmt sich Zeit*			
Woche 13 – Anerkennung *sucht das Gute*			
Woche 14 – Treue *bildet ein Team*			
Woche 15 – Gesprächsbereitschaft *stellt Fragen*			
Woche 16 – Konfliktbewältigung *lebt in der Gegenwart*			
Woche 17 – Vergebungsbereitschaft *faßt einen Entschluß*			
Woche 18 – Emotionale Nähe *ist aufrichtig*			
Woche 19 – Körperliche Nähe *wirbt um den anderen*			
Woche 20 – Geistliches Leben *sucht Gott*			
Stufe Drei			
Woche 21 – Liebe *handelt*			
Woche 22 – Zweisamkeit *pflegt gemeinsame Hobbies*			
Woche 23 – Anerkennung *läßt unrealistische Erwartungen los*			

Woche 24 – Treue *gibt, anstatt zu nehmen*	________	________	________
Woche 25 – Gesprächsbereitschaft *wählt Worte, die helfen*	________	________	________
Woche 26 – Konfliktbewältigung *klagt nicht an*	________	________	________
Woche 27 – Vergebungsbereitschaft *zeigt Einsicht*	________	________	________
Woche 28 – Emotionale *Nähe nimmt in die Arme*	________	________	________
Woche 29 – Körperliche Nähe *genießt die sexuelle Erregung*	________	________	________
Woche 30 – Geistliches Leben *braucht ein Zuhause*	________	________	________

Stufe Vier

Woche 31 – Liebe *macht Mut*	________	________	________
Woche 32 – Zweisamkeit *bleibt im Gespräch*	________	________	________
Woche 33 – Anerkennung *hört auf zu kritisieren*	________	________	________
Woche 34 – Treue *übt gedankliche Disziplin*	________	________	________
Woche 35 – Gesprächsbereitschaft *ist für den anderen da*	________	________	________
Woche 36 – Konfliktbewältigung *zieht sich nicht zurück*	________	________	________
Woche 37 – Vergebungsbereitschaft *spricht den anderen frei*	________	________	________
Woche 38 – Emotionale Nähe *fühlt sich ein*	________	________	________
Woche 39 – Körperliche Nähe *teilt sich mit*	________	________	________
Woche 40 – Geistliches Leben *wächst*	________	________	________

Stufe Fünf

Woche 41 – Liebe *dient*	________	________	________
Woche 42 – Zweisamkeit *schweißt zusammen*	________	________	________
Woche 43 – Anerkennung *erweist dem anderen Ehre*	________	________	________
Woche 44 – Treue *hält fest*	________	________	________
Woche 45 – Gesprächsbereitschaft *versteht*	________	________	________
Woche 46 – Konfliktbewältigung *läßt Schutzmechanismen fallen*	________	________	________
Woche 47 – Vergebungsbereitschaft *begnadigt*	________	________	________
Woche 48 – Emotionale Nähe *vertraut*	________	________	________
Woche 49 – Körperliche Nähe *sucht die Befriedigung des anderen*	________	________	________
Woche 50 – Geistliches Leben *währt ewig*	________	________	________

Weitere Bücher von Editions Trobisch

Gary Smalley
ENTDECKE DEINEN MANN

Gary Smalley
ENTDECKE DEINE FRAU

Norman Wright
ROMANTIC LOVE

C. & M. Shedd
WIR SIND EIN TEAM

J. & C. Penner
MEINE LIEBE SCHENK ICH DIR

J. C. Dillow
TOTAL EINS SEIN

James Dobson
GEMEINSAM ODER EINSAM

Jill Renich
WAS FRAUEN SCHON IMMER ÜBER MÄNNER WISSEN WOLLTEN

Fred Renich
MANNSEIN LEICHTGEMACHT

Walter Trobisch
DER MISSVERSTANDENE MANN

Dan Benson
DER TOTALE MANN

Marabel Morgan
DIE TOTALE FRAU